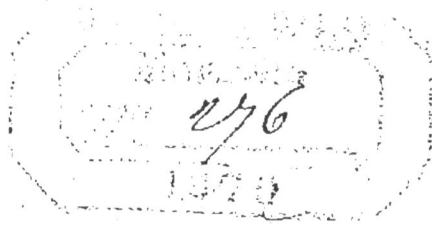

EXTRAIT DU RÈGLEMENT

SUR

LES MANŒUVRES ET LES ÉVOLUTIONS

DES BATTERIES ATTELÉES.

C.

ARTILLERIE

EXTRAIT DU RÈGLEMENT

SUR

LES MANŒUVRES ET LES ÉVOLUTIONS

DES BATTERIES ATTELÉES

Approuvé par le Ministre de la guerre le 12 juin 1863

A L'USAGE DES SOUS-OFFICIERS ET BRIGADIERS

V· BERGER-LEVRAULT et FILS, LIBRAIRES-ÉDITEURS

PARIS   STRASBOURG
RUE DES BEAUX-ARTS, 5   RUE DES JUIFS, 26

1867

Strasbourg, impr. de Veuve Berger-Levrault.

ARTICLE V.

Instruction pour harnacher les chevaux de trait.

Nomenclature du harnachement.

Selle [1] (cuir fauve).

Arçon en bois, nervé, entoilé et ferré . .

Parties en bois.
- Une arcade; les pointes; le pommeau.
- Deux pointes (ou lames); les pointes d'arçon.
- Un troussequin.

Parties en fer.

En dessous.
- Une bande de garrot.
- Une bande de rognon.
- Deux bandelettes de dessous de pointes d'arçon.

En dessus.
- Une bande de collet.
- Deux bandelettes de troussequin.
- Deux équerres de troussequin.

- Trois crampons de courroies de porte-manteau.
- Un crampon de croupière.
- Une dragonne et son anneau.
- Six chapes d'attache de chapelet.
- Deux boucles de montants de poitrail.
- Deux porte-étrivières (à rouleau).
- Quatre dés de contre-sanglon de sangles.

---

1. La nomenclature suivante s'applique à la selle 1854, modifiée en 1859.

Extrait.   I

Faux siége et matelassure..	Une sangle croisée. Trois sangles traverses. Une toile de faux siége. Une toile de matelassure. Deux mamelles en cuir garnies de bourra. Matelassure.
Parties en cuir, etc.	Un siége, avec joncs. Une garniture de troussequin. Un contour de troussequin (cuivre). Deux garnitures de pointes d'arçon. Deux quartiers. Six contre-sanglons de sangles (quatre simples et deux doubles). Deux faux-quartiers. Deux poches à fers. Deux pattes d'attache. Deux tirants. Deux trousse-étriers. Une courroie d'accouple et son anneau.
Panneaux	Deux basanes. Deux toiles de matelassure. Rembourrage: Paille 0ᵏ,700; crin 0ᵏ,750. Deux chaussures de pointes d'arcade. Deux chaussures de pointes d'arçon. Deux contre-sanglons (donnent la facilité d'enlever à volonté le panneau).
Paire de sacoches	Un chapelet. Un passant de courroie de manteau. Deux sacoches (celle de gauche contenant la fonte). . . . { Deux dessus. Deux goussets. Une fonte. { Le corps. Le cercle (fer). La bande d'attache (fer). Boucleteaux; courroies; contre-sanglons, et chapes de sacoches, de fonte et de chapelet.
Fleuron	Porte le numéro de la selle.

Courroies	Trois courroies de manteau. Trois courroies de porte-manteau (noires).
Sangles	Une sangle (tissu de fil). Un passant. Un surfaix de sangle (tissu de fil). Boucles enchapées.
Étrivières. . . .	Deux étrivières. Deux boucles à traverse.
Étriers	Deux étriers (l'œil, les branches, le plat ou support du pied).

Croupière (cuir noir).

Un culeron.
Une fourche de culeron.
Un passant fixe et une boucle.
Un contre-sanglon de croupière.
Un passant coulant.

Poitrail de cheval de selle (cuir noir).

Un corps de poitrail.
Deux anneaux triangulaires.
Deux montants.
Deux boucleteaux et boucles.
Deux traits (même cordage que la rallonge de trait).
Deux mailles de trait.

Schabraque (drap bleu).

Un couvre-fonte, avec passe-poil et galon.
Une garniture de pommeau.
Une portière, avec patelette, pattes et boutons.
Une poche, avec patte et bouton.
Deux cuissières.
Quatre boucleteaux d'assemblage.
Deux courroies de paquetage (cuir noir).
Un tapis de selle, avec passe-poil et galon.
Deux garnitures et renforts de pointes.
Deux trousse-pointes, avec passes et boutons.

Une pièce de frottement de croupière.
Deux entre-jambes.
Quatre contre-sanglons d'assemblage.
Attributs.

Un surfaix de schabraque (cuir fauve).
- Un corps de surfaix.
- Un contre-sanglon.
- Trois passants de contre-sanglon.
- Une boucle enchapée.

Couvertures (en laine).

Deux modèles..
- 1° Blanche de 1",60 sur 1",60.
- 2° Bleu indigo de 2",40 sur 1",60.

Un surfaix de couverture (tissu de fil), pour les sous-verges seulement.

Bride de cheval de selle ou de porteur (cuir noir).

Un dessus de tête.
Une gourmette de rechange, avec S et crochets.
Une passe de gourmette de rechange.
Deux chapes   *idem.*
Un frontal.
Deux fleurons.
Une sous-gorge, avec deux boucles, deux passants fixes et deux passants coulants.
Deux montants, avec quatre boucles, quatre passants fixes et deux passants coulants.
Deux porte-mors avec deux passants fixes.

Mors de bride complet....
- Deux branches.
- Deux anneaux.
- Une embouchure.
- Une entretoise.
- Une gourmette....
  - Les mailles.
  - Le crochet.
  - L'S.
- Bossettes......
  - Deux bossettes.
  - Quatre clous rivés.

Deux rênes, avec un passant coulant, deux boucles, deux passants fixes.
Un fouet et un bouton anglais.
Deux porte-rênes et deux passants fixes.

Bridon-licol de porteur (cuir noir).

Un dessus de tête formant sous-gorge, avec boucle et passant fixe.

Un frontal.

Deux montants, avec deux boucles, deux passants fixes et deux passants coulants.

Deux anneaux carrés.

Un dessus de nez.

Un boucleteau de sous-barbe, avec boucle et passant fixe.

Un contre-sanglon de sous-barbe.

Une alliance et son anneau.

Mors à clavette complet . . . { Deux côtés d'embouchure et leurs anneaux. / Deux barrettes et leurs mailles. / Deux clavettes.

Une paire de rênes, avec une boucle, un passant fixe et un passant coulant.

Une longe, avec boucle, passant fixe et porte-longe.

Bride-licol de sous-verge (cuir noir).

Un dessus de tête formant sous-gorge, avec boucle et passant fixe.

Un frontal, avec deux fleurons.

Deux montants, deux boucles, deux passants fixes et deux passants coulants.

Deux anneaux carrés.

Un dessus de nez.

Un boucleteau de sous-barbe, avec boucle et passant fixe.

Un contre-sanglon de sous-barbe.

Une alliance et son anneau.

Mors à barres complet . . . { Deux côtés d'embouchure. / Deux barres.

Porte-mors complet. . . . . { Deux boucleteaux. / Deux boucles. / Quatre passants fixes.

Paire de rênes complète. . . { Un grand côté. / Un petit côté. / Trois boucles et trois passants fixes. / Un passant coulant. / Deux porte-rênes.

Une longe, avec boucle, passant fixe et porte-longe.

Bridon d'abreuvoir (cuir hongroyé).

Mors complet . { Deux côtés d'embouchure.
{ Deux anneaux à clavette.

Un grand montant, avec boucle, passant et **chape de clavette.**

Un petit montant, avec boucle, passant et chape de clavette.

Un frontal.

Une paire de rênes et deux olives.

Harnais d'attelage à bricole (cuir noir).

Les parties principales du harnais sont: la *bricole*, les *traits*, l'*avaloire*, la *plate-longe* et le *colleron*.

La *bricole* et les *traits* servent à mouvoir la voiture en avant; l'*avaloire* et la *plate-longe*, à la faire reculer et la retenir dans les descentes; le *colleron*, à supporter le timon des voitures de campagne. Le *surfaix*, le *dessus de cou*, le *surdos*, la *sous-ventrière* et la *croupière* ont pour objet de fixer ces différentes parties sur le cheval.

Bricole.

Corps . . . . . . { Un feutre.
Un grand blanchet; deux mailles porteplate-longe; deux anneaux de boucleteaux de dessus de cou; deux grands dés.
Deux petits blanchets; deux anneaux doubles de longe de traits; deux longes de traits.

Dessus de cou . { Un feutre.
Un blanchet; deux anneaux de rênes; une boucle de dragonne.

Colleron. (Pour chevaux de derrière.)

Un corps.

Un contre-sanglon; une dragonne.

Deux mailles à piton; une courroie d'agrafe.

Traits.

Paire de traits.	Deux traits. Deux crochets de tête de trait. Deux tourets; chacun: un mâle (avec garniture), une femelle. Deux rallonges de trait (en cordage). Deux chaînes de bout de trait; chacune: un anneau à piton (avec garniture), quatre mailles. Longueur des traits: 2ᵐ,80 pour les chevaux de derrière, et 2ᵐ,15 pour ceux de devant.
Sous-ventrière	Une sous-ventrière; son contre-sanglon; ses deux chapes. Deux porte-traits.

Surfaix de sous-verge.

Un arçon (tôle), avec chape et enchapures.
Un crochet.
Un coussinet double.
Une sous-ventrière; sa boucle; ses deux passants.
Un côté gauche de surfaix, avec contre-sanglon de sous-ventrière.
Une longe de croupière et sa chape.
Deux contre-sanglons de porte-traits.

Surdos. (Pour chevaux de devant.)

Un contre-sanglon double, avec chape.
Deux courroies-boucleteaux; leurs boucles et leurs passants.

Croupière.

Même nomenclature que pour la croupière du cheval de selle, plus une courroie trousse-traits, avec chape, boucle et passants fixes. Elle reste à la selle du porteur.

8 BASES DE L'INSTRUCTION.

Avaloire.

Un bras du bas; son blanchet.
Deux boucles d'avaloire.
Quatre passants de plate-longe.
Deux boucleteaux de branches, avec boucles, chapes et passants.
Deux boucletcaux de bras du haut, avec boucles et passants.
Deux courroies porte-traits, avec boucles et passants.
Un bras du haut; son blanchet, son contre-sanglon, ses deux branches.

Plate-longe.

Une plate-longe.
Un crochet de plate-longe et son anneau.

Fouet de conducteur.

Un manche.
Un cordon de poignet.
Une virole.
Une accouple, avec quatre nœuds.
Une mèche en ficelle.

Nota. Quand on veut apprendre aux canonniers la nomenclature du barnachement, il faut commencer par leur montrer ce qu'on entend généralement par les mots: *boucle, dé, anneau, maille, contre-sanglon, boucleteau, enchapure, passant (fixe ou coulant), touret, fcutre, blanchet, etc.*

Manière de placer les harnais dans les selleries.

Dans les selleries, où les chevilles sont disposées verticalement par trois, les harnais en commençant par celui du sous-verge sont suspendus à la cheville supérieure par la bricole et le colleron bouclé, toutes les autres parties tombant librement.

Placer le surfaix du sous-verge sur la cheville intermédiaire, puis sur ce surfaix disposer les dessus de cou de champ, celui du sous-verge en dessus. Soutenir les avaloires en appuyant le bras du haut sur la cheville inférieure et laisser pendre la croupière du sous-verge en avant des chevilles. Replier les traits sur eux-mêmes afin qu'ils ne traînent pas sur le sol, et accrocher la dernière maille de la chaîne de bout de trait au crochet de tête de trait. La selle du porteur est placée sur la cheville supérieure et posée sur la bricole.

On agit de la même manière pour placer les harnais de devant qui n'exigent pas l'emploi de la cheville inférieure.

Les selles des chevaux de selle sont placées dans une partie de la sellerie réservée à cet usage.

Manière de plier la couverture et de la placer.

Porteur.

Pour la couverture de petite dimension : La plier en quatre parties égales et la placer sur le dos du cheval, les lisérés du côté montoir, le gros pli sur le garrot; la prendre ensuite de la main gauche sur le garrot et de la main droite sur le rognon; la glisser une ou deux fois d'avant en arrière pour unir le poil, en la soulevant pour la reporter en avant sans rebrousser le poil. La couverture doit être placée de manière à dépasser les bords antérieurs de la selle de 7 à 8 centimètres.

Pour la couverture de grande dimension : La plier liséré sur liséré, la marque en dedans. La plier une seconde fois dans le même sens, le petit liséré double en dedans.

La plier dans l'autre sens, le petit liséré simple en dehors.

Placer la couverture sur le dos du cheval, le gros pli en avant, le liséré du côté montoir, avec les précautions indiquées plus haut.

Sous-verge.

Pour la couverture de petite dimension: La plier en quatre comme celle du porteur, et la placer sur le dos du sous-verge, les lisérés du côté montoir, le gros pli sur la croupe.

Étendre le surfaix de couverture sur son milieu et parallèlement au gros pli, l'ardillon en dessous; replier la partie antérieure de la couverture sur le surfaix, puis le gros pli par-dessus, de manière que les parties repliées et celles du milieu aient chacune le tiers de la longueur de la couverture pliée en quatre.

Retourner alors la couverture, en portant le pli unique d'arrière en avant, vers le garrot, et la placer sur le dos du cheval, de manière que le surfaix de sous-verge repose sur son milieu.

Serrer le surfaix de couverture.

Pour la couverture de grande dimension: La plier liséré sur liséré, la marque en dedans. La plier une seconde fois dans le même sens, le petit liséré double en dedans.

Placer la couverture dans le sens de la longueur sur le dos du cheval, le liséré en dessous et du côté montoir. Placer le surfaix de couverture, et se conformer pour le reste à ce qui vient d'être expliqué pour la couverture de petite dimension.

Harnacher et déharnacher.

Chaque canonnier-conducteur est chargé de conduire deux chevaux; l'un sur lequel il monte, est appelé *porteur*; et l'autre, *sous-verge*; ils sont appelés chevaux de devant, ou de derrière, selon qu'ils sont à la tête de l'attelage, ou attelés immédiatement à la voiture.

L'instructeur ayant fait attacher, hors des écuries, quatre chevaux par des nœuds à boucles aux anneaux de pansage, fait disposer en arrière deux harnais de derrière, l'un de porteur, l'autre de sous-verge, et deux harnais de devant, aussi de porteur et de sous-verge.

Les selles sont mises debout, sur les fontes, à trois pas en arrière des chevaux, le siége du côté des chevaux.

La couverture pliée en quatre et doublée, se place sur les pointes de la selle.

Les harnais déployés sont placés en arrière de la selle, celui du porteur en dessus, la partie antérieure de la bricole du côté de la selle.

Ces dispositions prises, l'instructeur fait seller les chevaux, comme il est prescrit aux Bases de l'instruction à cheval.

Harnacher le porteur de derrière.

Le cheval étant sellé, se placer à la gauche du harnais, lui faisant face; saisir la bricole avec les deux

mains, près des boucleteaux de dessus de cou, la
partie antérieure de la bricole en dessus, le dessus
de cou près du corps; élever le harnais; se porter à
la tête du cheval, le détacher et saisir la longe avec
la main gauche; passer la bricole par-dessus la tête
du cheval, le dessus de cou en dessous; faire tourner
le harnais de manière que la bricole prenne sa place
et que l'avaloire se trouve sur la croupe; rattacher
le cheval; dégager la dernière maille de la chaîne de
bout de trait du crochet de tête de trait du côté montoir, et placer ce trait en arrière de la selle.

Se porter derrière le cheval, et placer l'avaloire,
en mettant toutes les parties sur leur plat; déboucler
la croupière; engager le contre-sanglon de bras du
haut dans la chape de la courroie trousse-traits et
dans le passant de la boucle de croupière; engager
l'ardillon dans un des trous de ce contre-sanglon, et
reboucler la croupière.

Passer à droite du cheval; dégager la dernière
maille de la chaîne de bout de trait du crochet de tête
de trait, et placer ce trait en arrière de la selle.

Boucler le porte-trait de droite au contre-sanglon
antérieur et supérieur de la selle; abattre l'étrier droit,
et reboucler la courroie trousse-étrier.

Fixer les traits avec la courroie trousse-traits,
comme il est dit plus loin.

Revenir à gauche du cheval; boucler le porte-trait
au contre-sanglon antérieur et supérieur de la selle;
boucler la sous-ventrière; abattre l'étrier gauche;
reboucler la courroie trousse-étrier, et boucler le
colleron.

Nota. Si la bricole est trop descendue, elle gêne le mouvement des épaules du cheval; si elle est trop remontée, elle peut comprimer les voies respiratoires, surtout lorsque le cheval baisse la tête pour monter.

Pour que la bricole soit bien ajustée, il faut qu'elle soit à peu près horizontale; son bord inférieur étant de 6 à 8 centimètres au-dessus de la pointe de l'épaule, selon la conformation du cheval.

Le bord intérieur du feutre de la bricole qui pose sur le poitrail, doit toujours dépasser le bord extérieur, afin d'éviter que l'épaule ne soit coupée par le tranchant du cuir.

Le colleron doit être ajusté de manière que, le cheval étant attelé, le timon soit horizontal.

L'instructeur doit veiller à ce que les canonniers, après avoir harnaché, passent la main sous le dessus de cou et sous le colleron, pour bien placer la crinière.

Harnacher le sous-verge de derrière.

La couverture étant placée, se porter à la gauche du harnais, lui faisant face.

Saisir la bricole et la placer sur le sous-verge, comme il est prescrit pour le porteur, le surfaix sur le dos du cheval; rattacher le cheval; dégager la dernière maille de la chaîne de bout de trait du crochet de tête de trait du côté montoir, et mettre ce trait sur la croupe du cheval.

Placer le surfaix; se porter derrière le cheval; déployer l'avaloire; l'abattre, en mettant toutes les parties sur leur plat; engager la queue dans le culeron.

Passer à droite du cheval; dégager la dernière maille de la chaîne de bout de trait du crochet de tête de trait, et placer ce trait sur l'autre; s'assurer que toutes les parties sont sur leur plat.

Revenir derrière le cheval, et fixer les traits avec la courroie trousse-traits comme il est dit plus loin ; passer à gauche ; boucler le surfaix en arrière du surfaix de couverture ; boucler la sous-ventrière et le colleron.

Fixer les traits de derrière.

Tendre les traits pour amener le crochet de tête de trait près de l'anneau double de longe de trait.

Les traits étant tendus, faire un demi-nœud avec les rallonges, et le placer sur la courroie trousse-traits ; engager cette courroie dans la ganse de la rallonge en corde, près de la maille garnie, puis dans les dernières mailles des chaînes de bout de trait, en commençant par celle qu'on tient dans la main gauche, et boucler la courroie en la serrant fortement.

Harnacher le porteur de devant.

Le cheval étant sellé, se placer à la gauche du harnais, lui faisant face.

Saisir la bricole, et placer le harnais sur le cheval, comme il est dit pour les chevaux de derrière.

Rattacher le cheval ; dégager la dernière maille de la chaîne de bout de trait du crochet de tête de trait, et placer ce trait sur la croupe.

Mettre le surdos en arrière de la selle ; passer à droite du cheval ; dégager la dernière maille de la chaîne de bout de trait du crochet de tête de trait de ce côté, et placer ce trait sur l'autre.

Boucler le porte-trait au contre-sanglon de la selle; abattre l'étrier, et reboucler la courroie trousse-étrier; engager la chape du surdos entre les deux cuirs du contre-sanglon de croupière, en arrière des pointes de la selle.

Fixer les traits avec la courroie trousse-traits, comme il est dit plus loin.

Revenir à gauche du cheval; passer le contre-sanglon libre du surdos dans la chape, et le boucler à la courroie-boucleteau.

Boucler le porte-trait au contre-sanglon de la selle; boucler la sous-ventrière; abattre l'étrier gauche, et reboucler la courroie trousse-étrier.

Harnacher le sous-verge de devant.

La couverture étant placée, se porter à la gauche du harnais; le saisir, et le placer, comme il est dit pour le porteur, le surfaix sur le dos du cheval.

Rattacher le cheval.

Dégager la maille de la chaîne de bout de trait du crochet de tête de trait, et placer ce trait sur la croupe.

Mettre le surfaix et le surdos en place.

Passer derrière le cheval; engager la queue dans le culeron.

Se porter à droite; dégager la maille de la chaîne de bout de trait du crochet de tête de trait, et placer ce trait sur l'autre; s'assurer que toutes les parties sont sur leur plat.

Fixer les traits avec la courroie trousse-traits. Revenir à gauche du cheval; boucler le surfaix de sous-verge et la sous-ventrière.

Fixer les traits des chevaux de devant.

Tendre les traits pour amener le crochet de tête de trait près de l'anneau double de longe de trait.

Les traits étant tendus, faire un demi-nœud avec les rallonges, et le placer sur la courroie trousse-traits; engager la courroie dans les dernières mailles des chaînes de bout de trait, en commençant par celle qu'on tient dans la main gauche; replier en deux la partie doublée de chaque rallonge sur la courroie trousse-traits, en commençant par celle de gauche.

Boucler la courroie en la serrant fortement.

Brider le sous-verge.

Brider comme il est prescrit aux Bases de l'instruction à cheval pour le cheval de selle. Le cheval étant bridé, déboucler les rênes, les engager dans les anneaux du dessus de cou, les reboucler en les nxant au crochet de surfaix. Détacher la longe, la fixer par le porte-longe à l'anneau droit du mors, la boucle en dehors, passer le bout libre dans l'anneau gauche du mors, la chair du cuir contre la barbe du cheval.

Débrider le sous-verge.

Déboucler les rênes, les dégager des anneaux du dessus de cou, les reboucler. Dégager la longe des anneaux du mors et la fixer à l'anneau de l'alliance, le reste comme pour le cheval de selle.

Rouler les bridons et les placer sur le sous-verge.

1° Rouler les bridons.

Déboucler les sous-gorges, et plier les mors pour amener leurs anneaux et les montants à plat, l'un contre l'autre.

Tirer les rênes de l'un des bridons d'un côté, jusqu'à ce que l'olive du bout opposé touche l'anneau de son côté; disposer le frontal dans le sens de la longueur des montants, l'une des passes ramenée aussi bas que possible sur l'enchapure du mors.

Tirer les rênes du deuxième bridon, comme celles du premier, en laissant environ 15 centimètres entre l'une des olives et l'anneau du mors de son côté; disposer le frontal de manière à ce que les passes soient placées à 10 centimètres environ du milieu du dessus de tête.

Réunir les deux bridons dans la main gauche engagée au milieu du premier, les dessus de tête superposés, le deuxième en dessus, les branches des mors dans le même sens; remonter, sans le tirer, le long côté de la rêne du bridon supérieur vers le dessus de tête, et le maintenir avec la main gauche. Si les sous-gorges dépassent les montants, les relever jusqu'à la hauteur de ceux-ci.

Rouler, avec la main droite, les rênes du bridon inférieur, la fleur du cuir en dehors, autour des bri-

dons, les tours bien jointifs, le premier aussi près
que possible des mors; arrivé à l'extrémité des rênes,
engager l'olive entre les montants de manière à ce
qu'elle se trouve cachée.

Rouler les rênes du bridon supérieur comme les
précédentes, et dans le même sens; arrêter l'extrémité près du frontal, en l'engageant en double entre
les dessus de tête, l'olive s'appliquant contre les bords
de ces derniers. Enfin, engager le frontal apparent
entre les dessus de tête et le tirer de manière à former
une passe, du côté opposé.

2° Placer les bridons sur le sous-verge.

Les deux bridons roulés comme il est dit ci-dessus,
les placer sur la couverture du sous-verge en arrière
du surfaix et sous la longe de croupière, les mors du
côté montoir et dirigés en arrière. Déboucler les
contre-sanglons de porte-traits, et les engager, l'un
dans la passe formée par le frontal, l'autre dans la
passe formée par l'extrémité des rênes du bridon supérieur, et reboucler les contre-sanglons. On obtient
la dernière ganse en tirant la rêne du deuxième bridon
de manière à ramener l'olive contre l'anneau du mors.

Placer le fouet.

- Engager le manche du fouet, par le gros bout, dans
l'anneau gauche du dessus de cou, et le laisser glisser
jusqu'à la virole.

Déharnacher le porteur de derrière.

Se placer du côté montoir.

Déboucler le colleron, la sous-ventrière, le porte-trait, et relever l'étrier gauche.

Se porter en arrière du cheval.

Dégager les traits de la courroie trousse-traits, et les croiser sur le dos du cheval.

Déboucler la croupière; dégager le contre-sanglon de bras du haut; reboucler la croupière; relever l'avaloire, le bras du bas à plat sur le bras du haut.

Passer à droite du cheval; engager la dernière maille de la chaîne de bout de trait dans le crochet de tête de trait.

Déboucler le porte-trait; relever l'étrier; revenir à gauche du cheval; engager la dernière maille dans le crochet de tête de trait.

Porter l'avaloire sur le dessus de cou; détacher le cheval; saisir la longe de la main gauche; déboucler le dessus de cou; tenir la bricole avec la main gauche, et le dessus de cou avec la droite; passer le corps de bricole par-dessus la tête du cheval avec la main gauche, et le ramener sur le garrot; reboucler le dessus de cou.

Saisir la bricole avec les deux mains près des boucleteaux de dessus de cou; enlever le harnais, et le placer en arrière du cheval.

Déharnacher le sous-verge de derrière.

Se placer du côté montoir.

Déboucler le colleron, la sous-ventrière et le surfaix.

Se porter en arrière du cheval; dégager les traits de la courroie trousse-traits, et les croiser sur le dos du cheval; dégager la queue du culeron; relever l'avaloire, le bras du bas à plat sur le bras du haut.

Passer à droite du cheval; accrocher la dernière maille du trait à la tête de trait.

Revenir à gauche, et porter l'avaloire et le surfaix sur le dessus de cou.

Accrocher la dernière maille du trait à la tête de trait.

Détacher le cheval, et terminer l'opération comme il est dit pour le porteur.

Déharnacher le porteur de devant.

Se placer du côté montoir.

Déboucler la sous-ventrière et le porte-trait; relever l'étrier; déboucler la courroie-boucleteau de surdos, et dégager le surdos du contre-sanglon de croupière.

Se porter en arrière du cheval.

Détacher les traits; les croiser sur la croupe.

Passer à la droite du cheval.

Déboucler le porte-trait, relever l'étrier droit, et accrocher le trait à la tête de trait.

Revenir du côté montoir.

Accrocher le trait à la tête de trait, et porter le surdos sur le dessus de cou; détacher le cheval;

saisir la longe avec la main gauche, déboucler le dessus de cou; faire passer le corps de bricole avec la main gauche par-dessus la tête du cheval, et achever de déharnacher comme il est dit pour les chevaux de derrière.

Déharnacher le sous-verge de devant.

Se placer du côté montoir.

Déboucler la sous-ventrière et le surfaix.

Se porter en arrière du cheval.

Détacher les traits ; les croiser sur la croupe ; dégager la queue du culeron.

Passer à droite du cheval pour accrocher la dernière maille du trait à la tête de trait.

Revenir du côté gauche ; accrocher le trait à la tête de trait, et porter le surdos et le surfaix sur le dessus de cou.

Détacher le cheval et achever de déharnacher, comme il est dit pour le porteur.

ARTICLE VI.

Dressage des jeunes chevaux de trait.

Les jeunes chevaux de trait sont d'abord dressés à la selle. (Voir les Bases du Règlement sur l'instruction à pied et à cheval.) On les dresse ensuite à l'attelage.

On commence par habituer le jeune cheval au harnais dans l'écurie ; lorsqu'il est calme sous le harnais, on l'attèle d'abord en sous-verge, ensuite en porteur, toujours avec un cheval docile et dressé, et on lui fait exécuter progressivement les mouvements les plus simples de la 2e partie de l'*École du canonnier-conducteur*.

Cette instruction est dirigée par le capitaine-instructeur d'équitation, les jeunes chevaux de trait ne devant être livrés aux batteries que lorsque leur dressage est terminé.

Si un cheval présente des difficultés particulières et fait craindre des accidents, pour l'habituer au harnais à l'écurie, on le tient en main au caveçon, on lui présente le harnais doucement, puis, en le lui étendant sur le dos, on évite de le surprendre. Il ne faut pas négliger de relever et de fixer les traits, qui pourraient battre les flancs du cheval et provoquer de sa part des résistances ; on doit boucler la sous-ventrière, aussitôt que possible, et ne mettre la croupière, du reste fort lâche, qu'en dernier lieu; on promène ensuite le cheval en main. Cette leçon est continuée pendant quelques jours, selon la sagesse et la confiance de l'animal.

On commence ensuite les leçons de tirage, en procédant de la manière suivante : le cheval étant tenu en main au caveçon, on prolonge les traits au moyen de longes en corde, puis on les fait tendre par un homme placé derrière le cheval; cet homme agite les traits avec précaution, et les appuie légèrement contre les flancs du cheval, pour l'habituer à ce nouveau contact. On met ensuite le cheval en mouvement au pas, en le tirant en avant avec la longe du caveçon, et on prescrit à l'homme qui tient les traits, d'opposer une résistance progressive. Lorsque cette résistance est insuffisante, on adjoint un homme ou deux à celui qui tient les traits. Si, comme il arrive quelquefois, le cheval se refuse à tirer et s'arrête, il faut diminuer la tension des traits, et ne remettre le cheval en mouvement, que lorsqu'il a repris confiance.

Le fouet doit être banni des premières leçons de tirage, ou au moins, n'être employé qu'avec la plus grande réserve; car il peut être la cause de mouvements précipités et violents qui augmentent la sensibilité des épaules, et retardent le dressage. Lorsqu'au bout de quelques jours, le cheval tire en se livrant, on l'attèle en sous-verge, à un caisson, sur un terrain roulant, et avec un porteur vigoureux, mais calme, qui puisse au besoin l'entraîner. Lorsque le cheval est devenu sage en sous-verge, on l'attèle en porteur, et enfin on le fait entrer dans un attelage complet, en ayant toujours soin de ne lui adjoindre que des chevaux calmes et dressés.

TITRE II.

ÉCOLE

DU CANONNIER-CONDUCTEUR.

PREMIÈRE PARTIE. (*Suite.*)

Passer du pas au trot, et du trot au pas.

Changements de main.

A-gauche ou à-droite par canonnier, en marchant.

Étant de pied ferme, partir au trot.

Marchant au trot, arrêter.

Passer du trot au grand trot, et du grand trot au trot.

Mettre pied à terre.

Défiler.

DEUXIÈME PARTIE. (*Suite.*)

Arrêter et repartir.

Passer du pas au trot, et du trot au pas.

Changement de direction dans la largeur du manége.

Changement de direction dans la longueur du manége.

Changement de direction oblique, par voiture.

A-gauche, à-droite, par voiture, en marchant.

Demi-tour à gauche, les voitures marchant à la même hauteur.

Demi-tour à gauche, les voitures marchant en colonne.

Étant de pied ferme, partir au trot.

Marchant au trot, arrêter.

Passer du trot au grand trot, et du grand trot au trot.

Former le parc.

Dételer.

Sortir du parc.

Former les attelages en bataille.

PREMIÈRE PARTIE.

1. On réunit pour cette première partie de la leçon, huit couples de chevaux de trait, au plus.

L'instructeur est à pied; il est secondé par un sous-instructeur, également à pied.

Les canonniers sont placés sur un seul rang, à 4 mètres l'un de l'autre; ils sont en veste et bonnet de police.

Les chevaux sont harnachés et bridés.

Amener les chevaux sur le terrain.

2. Le canonnier placé entre ses deux chevaux les amène sur le terrain, les rênes du porteur passées sur l'encolure. Il tient les rênes du porteur avec la main gauche, à 16 centimètres de la bouche du cheval, les ongles en dessous, et tient de la main droite la longe du sous-verge.

Si la porte de l'écurie est étroite, le canonnier, pour sortir de l'écurie, met d'abord son porteur en mouvement, et continue de tenir la longe du sous-verge avec la main droite, en la portant en arrière, afin de faire passer le sous-verge après le porteur.

Arrivé sur le terrain, le canonnier fait face à ses chevaux; passe le bras droit entre les rênes du porteur, double la longe du sous-verge à 1 mètre environ du mors; engage de dessous en dessus, avec la main gauche, cette partie doublée dans l'anneau de la courroie d'accouple fixée à la selle; passe avec la main droite, dans la boucle ainsi formée, le bout libre ployé en ganse; serre en tirant de la main gauche; se place à gauche de son porteur, et prend la position du canonnier avant de monter à cheval, comme il est prescrit à l'Instruction à cheval.

Monter à cheval.

3. L'instructeur commande :

PRÉPAREZ-VOUS POUR MONTER = (à) CHEVAL.
2 *temps*, le 2ᵉ divisé en 2 *mouvements*.

A la première partie du commandement qui est PRÉPAREZ-VOUS POUR MONTER, rester immobile.

A la dernière partie du commandement qui est (à) CHEVAL, le mouvement s'exécute comme il est prescrit à l'Instruction à cheval.

A = CHEVAL.
2 *temps*.

1. A la première partie du commandement qui est A, le mouvement s'exécute comme il est prescrit à l'Instruction à cheval.

2. A la dernière partie du commandement qui est CHEVAL, le mouvement s'exécute comme il est prescrit à l'Instruction à cheval.

Les rênes du porteur étant ajustées, saisir le fouet de la main droite, en engageant le poignet dans le cordon, serrer le bouton coulant, saisir avec la main droite, les ongles en dessous, la longe du sous-verge à 50 centimètres environ du mors, les doigts fermés, le pouce allongé sur la longe, le bras tombant naturellement, le manche du fouet dirigé en avant et à gauche, l'extrémité de la mèche dans la main droite.

Ajuster les rênes.

4. L'instructeur commande :

AJUSTEZ = VOS RÊNES.

2 *temps.*

1. A la première partie du commandement qui est AJUSTEZ, abandonner la longe, et exécuter le premier temps d'*Ajuster les rênes*, comme il est prescrit à l'Instruction à cheval, en conservant le fouet dans la main droite.

2. A la dernière partie du commandement qui est VOS RÊNES, exécuter le deuxième temps d'*Ajuster les rênes*, et ressaisir la longe.

De l'usage de la longe et du fouet.

5. La longe et le fouet sont pour le sous-verge, ce que les rênes et les jambes sont pour le porteur; si le sous-verge se porte trop en avant, le calmer avec la longe, par de légers temps d'arrêt, en rapprochant la main droite de l'encolure; s'il reste en arrière, lui faire sentir légèrement le fouet, sur la hanche droite; s'il jette les épaules en dedans, lui faire sentir légèrement le manche du fouet sur la joue gauche; s'il jette les hanches en dehors, opposer les épaules aux hanches en employant le même moyen; si ce moyen ne suffit pas, lui faire sentir le fouet sur la hanche droite. Toutes les fois que le canonnier se sert de la longe, il doit éviter d'agir brusquement, surtout pour arrêter et reculer, afin de ne pas mettre le sous-verge sur les jarrets.

Rassembler les chevaux.

6. Exécuter pour le porteur ce qui est prescrit à l'Instruction à cheval, élever en même temps la main droite, en la rapprochant de l'encolure du sous-verge.

Marcher.

7. L'instructeur commande :

    1. *Canonniers en avant.*

    2. MARCHE.

Au commandement *Canonniers en avant,* rassembler les chevaux.

Au commandement MARCHE, mettre le porteur en mouvement comme il est prescrit à l'Instruction à cheval ; rendre en même temps au sous-verge, en baissant la main droite, et la portant en avant ; le sous-verge ayant obéi, replacer la main droite par degrés.

Arrêter.

8. Après quelques pas, l'instructeur commande :

    1. *Canonniers.*

    2. HALTE.

Au commandement *Canonniers,* rassembler les chevaux, sans ralentir leur allure.

Au commandement HALTE, arrêter le porteur comme il est prescrit à l'Instruction à cheval ; élever en même temps la main droite par degrés, en la rapprochant de l'encolure pour forcer le sous-verge à s'arrêter droit.

A-gauche.

9. L'instructeur commande :

1. *Canonniers à gauche.*

2. MARCHE.

3. HALTE.

Au commandement *Canonniers à gauche*, rassembler les chevaux.

Au commandement MARCHE, faire exécuter un *à-gauche* au porteur, en lui faisant parcourir un quart de cercle de 5 mètres; rendre en même temps au sous-verge, et lui faire parcourir un quart de cercle de 7 mètres, en allongeant l'allure.

Au commandement HALTE, arrêter les deux chevaux et les maintenir droits.

A-droite.

10. L'instructeur commande :

1. *Canonniers à droite.*

2. MARCHE.

3. HALTE.

Au commandement *Canonniers à droite*, rassembler les chevaux.

Au commandement MARCHE, faire exécuter un *à-droite* au porteur, en allongeant l'allure, et en lui faisant parcourir un quart de cercle de 7 mètres; déterminer en même temps le sous-verge en avant sur un quart de cercle de 5 mètres, en lui faisant sentir, s'il est nécessaire, le manche du fouet sur la joue gauche.

Au commandement HALTE, arrêter et maintenir les chevaux droits.

Demi-à-gauche, demi-à-droite.

11.   L'instructeur commande :

1. *Canonniers oblique à gauche (ou à droite).*[1]
2. MARCHE.
3. HALTE.

Ce mouvement s'exécute suivant les principes prescrits pour faire un *à-gauche* ou un *à-droite*, en observant d'agir avec assez de modération, pour ne faire exécuter aux chevaux que la moitié d'un *à-gauche* ou d'un *à-droite*.

12.   Afin de mieux faire comprendre les mouvements détaillés nos 9, 10 et 11, l'instructeur se place à l'épaule du porteur ou du sous-verge, et figure chaque mouvement à pied, en décrivant l'arc de cercle prescrit.

Reculer et cesser de reculer.

13.   L'instructeur commande :

1. *Canonniers en arrière.*
2. MARCHE.
3. *Canonniers.*
4. HALTE.

Au commandement *Canonniers en arrière*, rassembler les chevaux.

---

1. Contrairement aux principes de l'École du canonnier, l'oblique dans les manœuvres de voitures est un demi, et non un quart d'à-gauche ou d'à-droite.

Au commandement MARCHE, mêmes principes que pour arrêter, en observant, dès que les chevaux obéissent, de baisser et d'élever successivement les mains, pour *arrêter* et *rendre*.

Au commandement *Canonniers*, se préparer à arrêter.

Au commandement HALTE, rendre aux deux chevaux, et replacer les mains.

Marcher à main gauche, marcher à main droite.

14. L'instructeur commande :

    1. *Canonniers à gauche* (ou *à droite*).
    2. MARCHE.
    3. *En* = AVANT.

Aux premier et deuxième commandements, les canonniers se conforment à ce qui est prescrit pour faire un *à-gauche* (ou un *à-droite*) de pied ferme, comme il est prescrit nos 9 et 10.

A la dernière partie du troisième commandement, qui est AVANT, les canonniers marchent droit devant eux, et suivent celui qui est en tête, ayant entre eux la distance de 1 mètre 50 centimètres de tête à croupe.

Lorsque le canonnier, qui est en tête, arrive au petit côté du manége, l'instructeur fait tourner à gauche ou à droite, suivant la main à laquelle il veut faire marcher. Les canonniers étant tous en file sur l'un des grands côtés, l'instructeur les arrête, les partage en deux colonnes égales, met d'abord en mouvement les canonniers de la première colonne, et met ensuite en mouvement ceux de la deuxième, de manière que les deux colonnes marchent à la même hauteur.

L'instructeur fait prendre 3 mètres de distance de tête à croupe.

Les canonniers qui conduisent les colonnes, règlent leur allure de manière à arriver ensemble aux angles opposés du manége; le conducteur de la deuxième colonne se réglant sur celui de la première.

Tourner à gauche, tourner à droite, en marchant.

15. Les canonniers suivent le conducteur, et font, en arrivant aux angles du manége, un *à-gauche* ou un *à-droite*, en marchant.

Arrêter et repartir.

16. Les canonniers marchant en colonne sur les grands côtés, l'instructeur commande :

1. *Colonne.*
2. Halte.

Les canonniers arrêtent comme il est prescrit nº 8.

Pour les remettre en mouvement, l'instructeur commande :

1. *Colonne en avant.*
2. Marche.

Les canonniers se portent en avant comme il est prescrit nº 7.

Passer du pas au trot, et du trot au pas.

17. L'instructeur fait exécuter ces mouvements aux commandements et suivant les principes prescrits à l'Instruction à cheval.

Il faut rendre au sous-verge ; et pour lui faire prendre le trot, se servir modérément du fouet, s'il est nécessaire ; on doit ensuite calmer le sous-verge par des temps d'arrêt, en rapprochant la main de l'encolure.

Changements de main.

18. L'instructeur fait exécuter ce mouvement comme il est prescrit à l'Instruction à cheval, ayant l'attention de faire ses commandements assez à temps pour que les deux colonnes ne se rencontrent pas à la fin du changement de main.

A-gauche ou à-droite par canonnier, en marchant.

19. L'instructeur fait exécuter ce mouvement comme il est prescrit à l'Instruction à cheval.

En passant dans les intervalles, les canonniers doivent tenir les jambes près, pour empêcher le ralentissement de l'allure. Ils doivent aussi tenir la main droite haute et ferme pour empêcher le sous-verge de ruer.

20. L'instructeur fait exécuter d'abord au pas, et ensuite au trot, les changements de main, ainsi que les *à-gauche* et les *à-droite* en marchant.

Dans l'exécution de ces mouvements, il ne s'attache pas à l'ensemble ; mais il veille, avec le plus grand soin, à ce que les canonniers fassent une application exacte des principes qui leur ont été donnés de pied ferme.

21. Pour faire *repos*, l'instructeur fait exécuter aux canonniers un *à-gauche* ou un *à-droite*, lorsque les colonnes sont sur le milieu des grands côtés du manége, et il fait arrêter hors de la piste.

Pour recommencer le travail, il remet les canonniers en mouvement, par un *à-droite* ou un *à-gauche*.

L'instructeur profite de ces repos pour interroger les canonniers sur la dénomination des différentes parties du harnais d'attelage, sur leur usage, sur la manière de les ajuster, et il fait replacer les parties du harnachement qui se seraient dérangées pendant le travail.

Étant de pied ferme, partir au trot.

22. Les canonniers étant en colonne, sur les grands côtés, l'instructeur commande :

1. *Colonne en avant.*
2. *Au trot.*
3. Marche.

Au commandement *Au trot*, rassembler ses chevaux.

Au commandement Marche, faire partir ses deux chevaux ensemble *au trot*, sans à-coup, en se servant du fouet pour le sous-verge, si cela est nécessaire.

Marchant au trot, arrêter.

23. Les canonniers marchant *au trot*, et en colonne sur les grands côtés, l'instructeur commande :

1. *Colonne.*
2. Halte.

Au commandement *Colonne*, rassembler les chevaux.

Au commandement Halte, les arrêter d'après les principes prescrits.

L'instructeur exige que tous les canonniers partent franchement *au trot* au commandement Marche, et qu'ils arrêtent tous à la fois et sans à-coup, au commandement Halte.

Passer du trot au grand trot, et du grand trot au trot.

24. Les canonniers marchant au trot et en colonne sur les grands côtés, l'instructeur commande :

ALLONGEZ.

Au commandement ALLONGEZ, baisser les mains ; fermer les jambes progressivement, et activer le sous-verge avec le fouet, si cela est nécessaire.

Après un ou deux tours au plus, l'instructeur commande :

RALENTISSEZ.

Au commandement RALENTISSEZ, ralentir progressivement l'allure, en se maintenant à sa distance.

L'instructeur veille à ce que les conducteurs des colonnes n'augmentent ou ne ralentissent l'allure que progressivement, de manière à éviter les à-coup.

25. Pour terminer le travail, l'instructeur réunit les colonnes ; à cet effet, les deux colonnes marchant sur la piste, il arrête le canonnier qui conduit la première reprise, et prescrit à tous les autres de serrer à 1 mètre 50 centimètres de distance ; les canonniers ne formant plus qu'une seule colonne, l'instructeur les remet en mouvement ; et lorsque la colonne est tout entière sur l'un des grands côtés du manége, l'instructeur fait exécuter aux canonniers un *à-gauche* ou un *à-droite*, et les fait arrêter hors de la piste.

Mettre pied à terre.

26. L'instructeur commande :

PRÉPAREZ-VOUS POUR METTRE = PIED A TERRE.

2 *temps.*

1. A la première partie du commandement qui est PRÉPAREZ-VOUS POUR METTRE, abandonner la longe du sous-verge; engager le manche du fouet dans l'anneau gauche du dessus de cou du porteur, le laisser glisser jusqu'à la virole, et replacer la main droite sur le côté.

2. A la dernière partie du commandement qui est PIED A TERRE, le mouvement s'exécute comme il est prescrit à l'Instruction à cheval.

PIED = (à) TERRE.

2 *temps*, le 2e divisé en 2 *mouvements*.

Ce qui s'exécute comme il est prescrit à l'Instruction à cheval.

Défiler.

27. L'instructeur commande :

1. *Par la droite* (ou *par la gauche*) = DÉFILEZ.
2. MARCHE.

A la dernière partie du premier commandement qui est DÉFILEZ, décrocher la gourmette du porteur; faire face à ses chevaux; découpler avec la main gauche; se placer entre les deux chevaux, tenant de la main gauche les rênes du porteur, et de la main droite la longe du sous-verge reployée vers son milieu.

Au commandement MARCHE, le mouvement s'exécute comme il est prescrit à l'Instruction à cheval.

DEUXIÈME PARTIE.

28. On réunit pour cette deuxième partie de 8 à 12 couples, dont moitié en chevaux de derrière, et moitié en chevaux de devant, formant de 4 à 6 attelages, pour atteler de 4 à 6 pièces ou caissons de 4 rayé de campagne. [1]

L'instructeur est à cheval; il est secondé par deux sous-instructeurs également à cheval.

La tenue des hommes et celle des chevaux sont les mêmes que pour la première partie.

Lorsque les canonniers commencent à exécuter cette deuxième partie correctement, l'instructeur, pendant le travail, les fait changer de chevaux entre eux, de manière à ce qu'ils soient également exercés à conduire des chevaux de derrière et des chevaux de devant. A la fin du travail, chacun reprend ses chevaux.

Cette deuxième partie de la leçon se donne dans un rectangle de 100 mètres environ de longueur, sur 60 mètres de largeur; chaque coin est marqué par un chandelier.

Disposition des attelages.

29. Au sortir de l'écurie, les canonniers se forment à pied, sur un seul rang, chacun d'eux ayant soin de conserver deux tiers de mètre d'intervalle, entre son sous-verge et le porteur de son voisin de droite. A mesure que chaque canonnier prend place dans le rang, il accouple ses chevaux comme il est prescrit. Les canonniers qui conduisent les chevaux de devant occupent la droite de chaque attelage. Si le parc est formé sur plusieurs lignes, à la gauche du premier attelage se trouve celui qui doit atte-

1. Un appendice, faisant suite à cette partie de la leçon, indique les modifications qu'il est nécessaire d'y apporter, lorsqu'on attèle des voitures appartenant aux batteries de 12 rayé de campagne.

ler la voiture en file derrière la première ; et à la gauche
de celui-ci, l'attelage de la troisième voiture de la même
file, etc.; puis l'attelage de la deuxième voiture de la première ligne, et ainsi de suite, les attelages d'une même file
de voitures étant toujours placés sur une même ligne, de
la droite à la gauche.

L'instructeur fait *monter à cheval*, comme il est prescrit
n° 3, puis il commande :

    1. *A droite* = ALIGNEMENT.
    2. FIXE.

Au commandement *A droite* = ALIGNEMENT, les canonniers s'alignent à droite, ayant soin de conserver
deux tiers de mètre d'intervalle, entre leur sous-verge
et le porteur de leur voisin de droite.

Rompre par attelage.

30. Pour rompre par attelage et se former en colonne,
l'instructeur commande :

    1. *Par file à droite.*
    2. MARCHE.

Au commandement MARCHE, le canonnier placé à la
droite du rang exécute un *à-droite*, et se porte en
avant.

Ce mouvement est exécuté successivement par tous
les autres canonniers, qui rompent de manière à se
trouver à deux tiers de mètre de distance de tête à
croupe.

L'un des sous-instructeurs marche en tête de la colonne,
pour la diriger.

Entrer au parc.

31. L'instructeur dirige la colonne vers la gauche du parc; et lorsque la tête de la colonne arrive à hauteur de la voiture de gauche de la première ligne, il commande:

1. *Pour atteler.*
2. Marche.

Au commandement Marche, le premier attelage se dirige de manière à longer les timons parallèlement à la ligne des voitures; arrivé à 3 mètres de la voiture qu'il doit atteler, il fait, sans commandement, tête de colonne à gauche, et se prolonge, dans la direction du timon, jusqu'à ce que les chevaux de derrière aient exécuté leur mouvement; l'attelage s'arrête alors sans commandement. Les autres attelages continuent de marcher, et chacun d'eux se place, par un mouvement semblable, dans le prolongement du timon de la voiture qu'il doit atteler. S'il y a plusieurs lignes de voitures, les attelages de la deuxième ligne exécutent, relativement à cette ligne, le mouvement qui est prescrit pour la première, de même pour la troisième ligne, et ainsi de suite.

Atteler.

32. Les attelages étant tous placés dans le prolongement du timon de la voiture qu'ils doivent atteler, l'instructeur fait d'abord *mettre pied à terre*, ensuite il commande:

ATTELEZ.

Au commandement Attelez (si les canonniers sont en armes, ils mettent le sabre au crochet), chaque canonnier-conducteur fait face à ses chevaux, et saisit,

de la main droite, les rênes de son porteur, et de la
main gauche, la longe du sous-verge, près de l'anneau
gauche du mors; le conducteur de derrière fait reculer ses chevaux, de manière à pouvoir atteler aisé-
ment; déploie les branches de support; fixe les courroies d'agrafe du colleron aux anneaux coulants, et
accroche les chaînes de bout de timon aux crochets de
plate-longe, en commençant par le porteur; il se
porte ensuite derrière le sous-verge, en passant par
la droite; détache les traits; les accroche, par la première maille, aux crochets d'attelage, en commençant
par celui du dedans; reboucle la courroie trousse-
traits; passe au pas de course derrière la voiture;
relève la servante; détache les traits du porteur; les
accroche par la dernière maille, en commençant par
celui du dedans; reboucle la courroie trousse-traits,
et prend la position du canonnier avant de monter
à cheval.

L'instructeur fait remarquer aux canonniers que le sous-
verge se trouve ainsi attelé plus court que le porteur, disposition qui a pour but de faire tirer les deux chevaux
également.

Le conducteur de devant fait reculer ses chevaux
dès que les chaînes de bout de timon sont accrochées;
se porte derrière le sous-verge, en passant par la
droite; détache les traits, et quand le sous-verge de
derrière est attelé, il accroche les traits de son sous-
verge aux crochets de tête de trait du sous-verge de
derrière, en commençant par celui du dehors, et en
ayant soin de faire passer le trait intérieur, par-dessus
la chaîne de bout de timon; il reboucle la courroie

trousse-traits; détache les traits du porteur; les accroche aux crochets de tête de trait du porteur de derrière, en commençant par celui du dedans, qu'il a soin de faire passer par-dessus la chaîne de bout de timon, et prend la position du canonnier avant de monter à cheval.

Si les canonniers sont en armes, ils décrochent le sabre, en se reportant à la tête de leurs chevaux.

Les chevaux étant attelés, l'instructeur fait *monter à cheval*. Il examine ensuite si les traits ont la longueur prescrite; si toutes les parties du harnachement sont régulièrement placées et convenablement ajustées, et il fait rectifier tout ce qui est défectueux.

Rompre le parc.

33. Pour rompre le parc par la droite, l'instructeur commande :

1. *Par la droite = rompez le parc.*
2. Marche.

Au commandement Marche, la voiture de droite se porte droit devant elle; elle est suivie par celle qui est immédiatement à sa gauche, laquelle ne se met en mouvement que lorsque les roues de derrière de la première voiture arrivent à hauteur de ses chevaux de devant; elle oblique alors à droite, marche dans cette nouvelle direction jusqu'à ce qu'elle rencontre la colonne, où elle prend rang en se redressant. Ce mouvement est exécuté successivement par toutes les voitures, chacune d'elles forçant d'autant plus son degré d'obliquité, qu'elle est plus éloignée du point de rupture. Toutes les voitures conservent entre elles 1 mètre de distance.

Dans la première séance de cette partie de la leçon, le mouvement qui précède n'a pour but que de conduire les voitures sur le terrain de manœuvre.

L'instructeur ne peut exiger qu'il s'exécute avec une grande précision; il surveille le mouvement de chaque voiture, de manière à ce que la colonne se forme sans désordre.

Un des sous-instructeurs dirige la tête de la colonne.

34. Pour rompre le parc par la gauche, le mouvement s'exécute suivant les mêmes principes et par les moyens inverses.

35. Lorsque le parc est formé sur deux lignes, chaque voiture de la première ligne est immédiatement suivie de celle de la deuxième. La deuxième voiture de la première ligne ne rompt que lorsque les roues de derrière de la première voiture de la deuxième ligne arrivent à hauteur des chevaux de devant.

Lorsqu'il y a plus de deux lignes, il est donné des ordres pour déterminer de quelle manière les autres lignes doivent déparquer.

36. La colonne est conduite sur le terrain de manœuvre; lorsqu'elle est près d'y arriver, l'instructeur l'arrête par les commandements: 1. *Colonne*; 2. HALTE; puis il place successivement, et par de simples avertissements, les voitures à 12 mètres d'intervalle les unes des autres, sur une même ligne parallèle au grand côté du manége.

Les voitures étant ainsi placées, l'instructeur fait commencer le travail de pied ferme. La première fois que les canonniers exécutent ce travail, l'instructeur passe successivement d'une voiture à l'autre, et ne fait exécuter chacun des mouvements, qu'à une seule voiture à la fois.

Marcher.

37. L'instructeur commande:

1. *Caissons* (ou *pièces*)[1] *en avant*.

2. MARCHE.

Au commandement *Caissons en avant*, rassembler les chevaux, et faire tendre les traits.

Au commandement MARCHE, les conducteurs se portent en avant ensemble, et sans à-coup, comme il est prescrit n° 7.

Arrêter.

38.   Après quelques pas, l'instructeur commande:

1. *Caissons*.

2. HALTE.

Au commandement *Caissons*, rassembler les chevaux, sans ralentir l'allure.

Au commandement HALTE, les conducteurs arrêtent comme il est prescrit n° 8. Le conducteur de derrière emploie, pour arrêter, un peu plus de force que celui de devant, en raison de l'impulsion de la voiture; la voiture étant arrêtée, faire tendre les traits, en portant avec ménagement les chevaux un pas ou deux en avant

A-gauche, à-droite.

39.   L'instructeur commande:

1. *Caissons à gauche* (ou *à droite*).

2. MARCHE.

3. HALTE.

Au commandement *Caissons à gauche*, rassembler les chevaux.

---

1. Le commandement que doit faire l'instructeur, dépend de l'espèce de voitures qu'il dirige.

Au commandement Marche, le conducteur de devant exécute un *à-gauche*, comme il est prescrit n° 9.

Le conducteur de derrière vient tourner, en se conformant aux mêmes principes, sur le même terrain où le conducteur de devant a tourné.

Au commandement Halte, les conducteurs arrêtent, et font tendre les traits.

Le conducteur de devant, en entrant dans la nouvelle direction, dirige ses chevaux sans les faire tirer, et il ne fait tendre les traits que lorsque le conducteur de derrière est dans la nouvelle direction.

L'instructeur commande Halte, à l'instant où les voitures sont redressées dans la nouvelle direction.

Demi-tour à gauche.

40. L'instructeur commande :

1. *Caissons demi-tour à gauche.*
2. Marche.
3. Halte.

Au commandement Marche, le conducteur de devant place de suite ses chevaux dans la direction du *demi-à-droite;* marche 7 mètres dans cette direction; revient à gauche en avançant jusqu'à 10 mètres de son point de départ, et, continuant son mouvement à gauche, dépasse de 2 mètres la direction primitive, dans laquelle il rentre par un *demi-à-gauche.*

Le conducteur de derrière suit la piste du conducteur de devant, en soutenant fortement ses chevaux à droite, pendant toute la première partie du mouvement; quand le conducteur de devant rentre dans la direction primitive, le conducteur de derrière se conforme à son mouvement, et rentre aussi dans cette direction, de manière que les roues de derrière ne la dépassent pas, et se trouvent à la place qu'occupaient les chevaux de devant avant le mouvement.

L'instructeur fait le commandement Halte, à l'instant où la voiture est redressée, à la place qu'elle doit occuper.

L'instructeur figure le mouvement à pied, en faisant voir à chaque conducteur la piste qu'il doit suivre.

Demi-à-gauche, demi-à-droite.

41. L'instructeur commande :

1. *Caissons oblique à gauche* (ou *oblique à droite*).
2. Marche.
3. Halte.

Ce mouvement s'exécute suivant les principes prescrits pour faire un *à-gauche* (ou un *à-droite*), avec cette différence que le conducteur de devant ne décrit que la moitié d'un quart de cercle de 5 mètres, et se porte ensuite droit devant lui ; le conducteur de derrière se conforme au mouvement de celui de devant.

Reculer et cesser de reculer.

42. L'instructeur commande :

1. *Caissons en arrière.*
2. Marche.
3. *Caissons.*
4. Halte.

Au commandement *Caissons en arrière*, rassembler les chevaux.

Au commandement Marche, les conducteurs font reculer leurs chevaux suivant les principes prescrits n° 13, le conducteur de derrière ayant soin d'employer plus de force que celui de devant. Si la voiture ne recule pas droit, faire appuyer le timon du côté opposé à celui vers lequel la voiture recule.

Au commandement Halte, cesser de reculer, et faire tendre les traits.

Le conducteur de devant conforme son mouvement à celui du conducteur de derrière, de manière à ne le gêner en rien.

Reculer à droite, reculer à gauche.

43. L'instructeur commande :

> 1. *Caissons en arrière à droite.*
> 2. Marche.
> 3. *Caissons.*
> 4. Halte.

Au commandement *Caissons en arrière à droite,* porter les timons à droite, sans avancer ni reculer.

Au commandement Marche, faire reculer les chevaux, en les maintenant à droite, et en ayant soin que le mouvement du sous-verge précède celui du porteur.

Au commandement Halte, redresser les chevaux et les voitures, et faire tendre les traits.

44. On fait reculer à gauche, suivant les mêmes principes et par les moyens inverses.

45. Le mouvement de reculer à droite ou à gauche est employé quand on est obligé de faire demi-tour dans un espace qui manque de largeur, comme, par exemple, dans une rue étroite.

Dans ce cas, après avoir obliqué à droite jusqu'à ce qu'on soit à 2 mètres environ du mur, on recule à droite jusqu'à ce que le derrière de la voiture touche le mur, et il devient alors facile de terminer le demi-tour. On exécute le mouvement inverse, si l'on veut reculer à gauche.

Marcher à main gauche, marcher à main droite.

46. L'instructeur, après s'être assuré que les voitures sont sur la même ligne et à 12 mètres d'intervalle, commande :

1. *Caissons à droite* (ou *à gauche*).
2. Marche.
3. *En* = avant.

Aux premier et deuxième commandements les conducteurs se conforment à ce qui est prescrit pour faire exécuter à leur voiture un *à-droite* (ou un *à-gauche*), de pied ferme.

A la dernière partie du commandement *En* = avant, faite dès que les voitures ont achevé leur *à-droite* (ou leur *à-gauche*), ces voitures se portent droit devant elles, et suivent celle qui est en tête, ayant entre elles 3 mètres de distance, d'une voiture à l'autre.

Lorsque la voiture qui est en tête est près d'arriver au petit côté du manége, l'instructeur, par un simple avertissement, la fait tourner à gauche ou à droite, suivant la main à laquelle il veut faire marcher.

Les voitures étant toutes en file sur l'un des grands côtés, l'instructeur les arrête, les partage en deux colonnes égales, met d'abord en mouvement les voitures de la première colonne, et met ensuite en mouvement celles de la deuxième, de manière que les deux colonnes marchent à la même hauteur.

Dans chaque colonne, les conducteurs de la voiture qui est en tête règlent leur allure de manière à arriver en même temps aux angles opposés du manége, ceux de la deuxième colonne se réglant sur ceux de la première.

Tourner à gauche, tourner à droite en marchant.

47. Dans chaque colonne, les conducteurs de la voiture qui est en tête, en arrivant aux angles du manége, font exécuter à leur voiture un *à-gauche* ou un *à-droite* en marchant, suivant la main à laquelle ils marchent, et en se conformant aux principes prescrits de pied ferme.

Chacune des autres voitures suit le mouvement de celle qui la précède.

Arrêter et repartir.

48. Les voitures marchant en colonne sur les grands côtés, l'instructeur commande :

> 1. *Colonne.*
> 2. Halte.

Au commandement *Colonne*, rassembler les chevaux.

Au commandement Halte, les conducteurs arrêtent tous à la fois bien droit, et à leur distance.

Pour remettre les voitures en mouvement, l'instructeur commande :

> 1. *Colonne en avant.*
> 2. Marche.

Au commandement *Colonne en avant*, rassembler les chevaux, et faire tendre les traits.

Au commandement Marche, les conducteurs se mettent en mouvement ensemble et sans à-coup.

Passer du pas au trot, et du trot au pas.

49. Les voitures marchant en colonne sur les grands côtés, l'instructeur commande :

> 1. *Au trot.*
> 2. MARCHE.

Au commandement *Au trot,* rassembler les chevaux, sans augmenter leur allure.

Au commandement MARCHE, les conducteurs prennent le *trot*, ayant soin de modérer l'allure de leurs chevaux.

50. Les voitures marchant au trot et en colonne sur les grands côtés, pour faire passer du trot au pas, l'instructeur commande :

> 1. *Au pas.*
> 2. MARCHE.

Au commandement *Au pas,* rassembler les chevaux, sans ralentir leur allure.

Au commandement MARCHE, les voitures passent au pas; celles placées en tête de colonne, ayant soin d'allonger les premiers pas.

Changement de direction dans la largeur du manége.

51. L'instructeur commande :

> 1. *Tournez* = (à) GAUCHE (ou [à] DROITE).
> 2. *En* = AVANT.

A la dernière partie du premier commandement qui est GAUCHE, les conducteurs de la première voiture lui font exécuter un *à-gauche.*

A la dernière partie du deuxième commandement qui est AVANT, ils se portent droit devant eux, et traversent le manége dans sa largeur, suivis des conducteurs des autres voitures, qui font exécuter successivement à chacune d'elles un *à-gauche* sur le même terrain que la première.

Lorsque le conducteur de devant de la première voiture arrive à 4 mètres de la piste opposée, l'instructeur commande :

1. *Tournez* = (*à*) DROITE (ou [*à*] GAUCHE).
2. *En* = AVANT.

A la dernière partie du premier commandement qui est DROITE, la première voiture tourne à droite, et à la dernière partie du deuxième commandement qui est AVANT, elle suit la piste.

Le premier commandement doit être fait assez à temps pour que les colonnes ne se rencontrent pas à la fin du changement de direction.

Changement de direction dans la longueur du manége.

52. Mêmes principes et mêmes commandements que pour le changement de direction dans la largeur.

L'instructeur fait le commandement *Tournez*, à l'instant où la première voiture passe le coin, et le commandement (*à*) GAUCHE (ou [*à*] DROITE), lorsque la première voiture est complétement redressée.

Les canonniers traversent le manége dans sa longueur, en ligne droite, en se laissant mutuellement à droite, lorsqu'ils ont fait un *à-gauche*, et à gauche, lorsqu'ils ont fait un *à-droite*, et ils rentrent sur la piste, aux commandements : 1. *Tournez* = (*à*) DROITE (ou [*à*] GAUCHE); 2. *En* = AVANT.

Changement de direction oblique par voiture.

53. Les colonnes marchant à main gauche, l'instructeur fait commencer un changement de direction dans la longueur du manége; et aussitôt que les voitures sont en file, il arrête les colonnes, et commande :

    1. *Caissons oblique à gauche.*

    2. Marche.

    3. Halte.

Ce qui s'exécute comme il est prescrit n° 41.

Ce mouvement exécuté, l'instructeur commande :

    1. *Caissons en avant.*

    2. Marche.

Les conducteurs marchent à une allure bien égale, faisant suivre à chaque voiture la direction qu'elle a prise.

Lorsque les conducteurs des chevaux de devant sont à 3 mètres de la piste, l'instructeur commande :

$$En = \text{avant.}$$

Au commandement $En = $ avant, les voitures se redressent en avançant, et rentrent sur la piste.

L'instructeur fait répéter ces mouvements sans arrêter ; à cet effet, après avoir commencé le changement de direction dans la longueur, aussitôt que les deux rangs se trouvent en colonne au milieu du manége, il commande :

    1. *Caissons oblique à gauche.*

    2. Marche.

    3. $En = $ avant.

54. Le changement de direction oblique, en marchant à main droite, s'exécute suivant les mêmes principes et par les moyens inverses, aux commandements : 1. *Caissons oblique à droite* ; 2. Marche ; 3. *En* = avant.

55. L'instructeur fait exécuter ces changements de direction d'abord au pas et ensuite au trot.

Il se règle, pour faire ses commandements, sur celle des deux voitures tête de colonne, qui est la plus avancée, sauf à rectifier ensuite la faute commise par celle qui a augmenté ou ralenti l'allure.

A-gauche, à-droite, par voiture en marchant.

56. Les voitures marchant en colonne et à main gauche, sur les grands côtés, l'instructeur commande :

> 1. *Caissons à gauche.*
> 2. Marche.
> 3. *En* = avant.

Au commandement *Caissons à gauche*, les conducteurs rassemblent leurs chevaux.

Au commandement Marche, chaque voiture exécute un *à-gauche* en marchant.

A la dernière partie du troisième commandement qui est avant, les conducteurs se portent bien droit devant eux, en conservant leur allure et leur direction, de manière que chaque voiture trouve devant elle l'intervalle où elle doit passer, et la place qu'elle doit reprendre dans la colonne, sur la piste opposée.

En passant dans les intervalles, les conducteurs doivent tenir les jambes près, et activer le sous-verge, pour empêcher le ralentissement de l'allure.

Les voitures marchant sur deux colonnes, l'instructeur doit avoir l'attention de faire le commandement préparatoire assez à temps pour commander Marche, à l'instant où le conducteur de devant de la première voiture arrive à hauteur du conducteur de devant de la dernière voiture de la colonne opposée.

Le premier *à-gauche* exécuté, lorsque les chevaux de devant des voitures les plus avancées sont près d'arriver à 4 mètres de la piste opposée, l'instructeur commande :

1. *Caissons à gauche.*
2. Marche.
3. *En* = avant.

Au commandement Marche, les voitures exécutent un *à-gauche* en marchant.

A la dernière partie du troisième commandement qui est avant, elles rentrent sur la piste.

L'instructeur fait répéter les mêmes mouvements pour remettre les voitures dans l'ordre où elles étaient précédemment.

57.   L'*à-droite* par voiture s'exécute, en marchant à main droite, suivant les mêmes principes que l'*à-gauche* et par les moyens inverses.

Demi-tour à gauche, les voitures marchant à la même hauteur.

58.   Les voitures marchant en colonne et étant arrivées vers le milieu des grands côtés, l'instructeur fait exécuter un *à-gauche* ou un *à-droite* par voiture en marchant, suivant la main à laquelle on marche, puis il commande :

1. *Caissons demi-tour à gauche.*
2. Marche.
3. *En* = avant.

Au commandement *Caissons demi-tour à gauche*, les conducteurs rassemblent leurs chevaux.

Au commandement Marche, chaque voiture exécute un *demi-tour à gauche* en marchant, suivant les principes prescrits de pied ferme.

A la dernière partie du troisième commandement qui est avant, chaque voiture se porte droit devant elle.

L'instructeur doit faire le commandement *Caissons demi-tour à gauche* assez à temps pour commander Marche, lorsque les conducteurs de devant arrivent à 10 mètres au moins de la piste opposée.

Après le mouvement, il remet les voitures sur la piste, en leur faisant exécuter un *à-gauche* ou un *à-droite*.

Demi-tour à gauche, les voitures marchant en colonne.

59. Les voitures marchant en colonne à main droite, sur les grands côtés, et les chevaux de devant des premières voitures étant à 10 mètres au moins du petit côté, l'instructeur commande :

1. *Caissons demi-tour à gauche.*
2. Marche.
3. *En* = avant.

Aux premier et deuxième commandements, les conducteurs se conforment à ce qui est prescrit n° 40, ceux de la voiture qui devient tête de colonne ayant l'attention de faire leur mouvement sans ralentir l'allure, afin de ne pas retarder les autres.

Au troisième commandement, les conducteurs se portent droit devant eux et suivent la piste.

Pour remettre les colonnes dans l'ordre primitif, l'instructeur fait d'abord exécuter un changement de direction dans la largeur, et ensuite un deuxième *demi-tour à gauche*.

60. L'instructeur fait exécuter d'abord ces divers mouvements au pas, en insistant particulièrement sur le demi-tour; il ne s'attache pas à l'ensemble, mais veille avec le plus grand soin à ce que les conducteurs fassent une application exacte des principes qui leur ont été donnés de pied ferme.

Lorsque les conducteurs exécutent correctement et sans indécision ces mouvements *au pas*, l'instructeur les fait répéter *au trot*.

Étant de pied ferme, partir au trot.

61.   Les voitures étant en colonne sur les grands côtés, l'instructeur commande :

> 1. *Colonne en avant.*
> 2. *Au trot.*
> 3. Marche.

Au commandement *Au trot*, rassembler les chevaux.

Au commandement Marche, partir *au trot*, sans à-coup, en se servant du fouet, pour le sous-verge, si cela est nécessaire.

Marchant au trot, arrêter.

62.   Les voitures marchant *au trot*, et en colonne sur les grands côtés, l'instructeur commande :

> 1. *Colonne.*
> 2. Halte.

Au commandement *Colonne*, rassembler les chevaux.

Au commandement Halte, arrêter d'après les principes prescrits.

L'instructeur exige que tous les conducteurs partent franchement *au trot*, au commandement Marche; et que pour arrêter, ils agissent tous à la fois et sans à-coup au commandement Halte, en observant qu'une voiture lancée au trot ne peut pas arrêter court, et qu'elle doit encore marcher 4 ou 5 mètres après le commandement HALTE.

Passer du trot au grand trot, et du grand trot au trot.

63. Les voitures marchant au trot, et en colonne sur les grands côtés, l'instructeur commande :

ALLONGEZ.

Au commandement ALLONGEZ, les conducteurs allongent progressivement l'allure, en baissant les mains, en fermant les jambes, et en activant le sous-verge avec le fouet, si cela est nécessaire.

Les conducteurs tiennent les jambes près, et les rênes courtes pour être toujours maîtres de leurs chevaux ; ils regardent attentivement devant eux, observant de régler leur allure sur celle des voitures qui les précèdent.

L'instructeur ne fait faire à cette allure allongée qu'un ou deux tours au plus à chaque main.

64. Pour faire passer du grand trot au trot, l'instructeur commande :

RALENTISSEZ.

Au commandement RALENTISSEZ, chaque voiture ralentit progressivement son allure, en conservant sa distance.

65. Lorsque les conducteurs ont été suffisamment exercés à exécuter ces mouvements aux commandements ALLONGEZ et RALENTISSEZ, l'instructeur peut quelquefois, pour les fortifier dans les principes, prévenir les conducteurs des voitures tête de colonne, d'augmenter ou de ralentir leur allure peu à peu, et de temps à autre, sans commandement; il recommande alors aux conducteurs des voitures qui suivent, d'employer les moyens prescrits pour se maintenir à leur distance.

L'instructeur insiste particulièrement, dans l'exécution de ces mouvements importants, sur la nécessité pour les conducteurs, d'observer attentivement les voitures qui les précèdent, de manière à régler leur allure sur celle de ces voitures. Il leur explique que si la voiture qui les précède immédiatement ralentit par à-coup, ils doivent vivement obliquer leurs chevaux à gauche ou à droite, suivant la main à laquelle ils marchent, de manière à ne pas se jeter sur cette voiture, se tenant prêts à la doubler, si elle venait à s'arrêter.

66. Pour faire *repos*, l'instructeur fait exécuter un à-*gauche* ou un à-*droite*, lorsque les colonnes sont sur les grands côtés, et il les fait arrêter hors de la piste.

L'instructeur fait de fréquents *repos*. Il en profite pour interroger les conducteurs sur les instructions qu'ils ont reçues; pour leur faire figurer à pied le tracé du demi-tour, ou les quarts de cercle que leurs chevaux doivent parcourir dans l'exécution des à-*gauche*, des à-*droite*, etc.

Il les exerce à enrayer et à désenrayer suivant les principes prescrits dans le Règlement sur le service de bouches à feu de campagne.

67.   L'instructeur fait faire quelquefois *repos en marchant*. Pendant ces repos, l'instructeur exerce les conducteurs à mettre *pied à terre* et à *monter à cheval, en marchant*.

Pour mettre pied à terre en marchant, le conducteur désigné met pied à terre, sans abandonner son fouet, ayant soin de porter le pied droit le plus en avant possible de l'épaule du cheval; il dégage promptement le pied gauche de l'étrier; se porte à hauteur de la tête de son porteur, et saisit avec la main droite les deux rênes pour le diriger.

Lorsque le canonnier est en armes, il met le sabre au crochet, avant de mettre pied à terre.

. Pour monter à cheval en marchant, le conducteur désigné abandonne les rênes ; fait demi-tour à droite ; prend une poignée de crins de la main gauche ; saisit l'étrier de la main droite ; le chausse lestement ; s'enlève, en appuyant la main droite sur le trousséquin, et se met légèrement en selle.

Lorsque le conducteur est en armes, il met le sabre au crochet avant de monter à cheval, et arrivé en selle, il décroche le sabre.

68. Pour terminer le travail, l'instructeur réunit les colonnes ; à cet effet les deux colonnes marchant sur la piste, il arrête la voiture qui est en tête de la première reprise, et prescrit à toutes les autres de serrer à 1 mètre de distance. Les voitures ne formant plus qu'une seule colonne, l'instructeur les remet en mouvement et les dirige vers le parc.

Former le parc.

69. Si la ligne, sur laquelle on doit former le parc, est en avant de la colonne, l'instructeur commande :

1. *En avant, à* (tant) *de mètres = formez le parc.*
2. Marche.
3. Halte.

Au commandement Marche, la première voiture continue de marcher droit devant elle, et s'arrête au commandement Halte. Toutes les autres voitures font immédiatement un *demi-à-gauche ;* marchent dans cette direction ; se redressent vis-à-vis de la place qu'elles doivent occuper sur la ligne, et s'arrêtent, sans commandement, à hauteur et à gauche des voitures déjà parquées.

Si le parc doit être formé sur le flanc gauche de la colonne, l'instructeur commande :

1. *A gauche, à* (tant) *de mètres = formez le parc.*
2. MARCHE.
3. HALTE.

Au commandement MARCHE, la première voiture tourne à gauche, se porte droit devant elle, et s'arrête au commandement HALTE.

Toutes les autres voitures continuent de marcher droit devant elles ; tournent successivement à gauche à 3 mètres avant d'arriver à hauteur de la place qu'elles doivent occuper sur la ligne, et s'arrêtent, sans commandement, à hauteur et à gauche des voitures déjà parquées.

Si le parc doit être formé sur le prolongement en avant du flanc droit de la colonne, l'instructeur commande :

1. *Sur la droite, à* (tant) *de mètres = formez le parc.*
2. MARCHE.
3. HALTE.

Au commandement MARCHE, la première voiture tourne à droite, se porte droit devant elle, et s'arrête au commandement HALTE.

Toutes les autres voitures continuent de marcher droit devant elles ; et, après avoir dépassé la voiture qui les précédait, tournent successivement à droite à 3 mètres avant d'arriver à hauteur de la place qu'elles doivent occuper sur la ligne ; elles s'arrêtent, sans commandement, à hauteur et à gauche des voitures déjà parquées.

L'instructeur dirige la tête de la colonne à 20 mètres au moins en arrière du front du parc, si on doit former le parc sur une ligne, et à 40 mètres au moins, si on doit former le parc sur deux lignes.

70. Lorsque le parc doit être formé sur deux lignes, le mouvement s'exécute suivant les mêmes principes; chaque voiture de la deuxième ligne suit le mouvement de la voiture correspondante de la première ligne, et s'arrête dans la direction de cette voiture, à sa distance.

Dételer.

71. Le parc étant formé, l'instructeur fait *mettre pied à terre*, et il commande :

DÉTELEZ.

Au commandement DÉTELEZ (si les canonniers sont en armes, ils mettent le sabre au crochet), le conducteur de devant se porte en avant de ses chevaux, leur faisant face ; les fait reculer, pour pouvoir dételer facilement ; passe à la gauche de son porteur ; décroche les traits, en commençant par celui du dehors ; les replie, et les fixe ainsi qu'il est prescrit aux Bases de l'instruction, titre Ier, art. V ; il agit de la même manière pour dételer le sous-verge, en terminant toutefois par le trait du dehors, et revient, passant derrière ses chevaux, prendre la position du canonnier avant de monter à cheval.

Le conducteur de derrière se porte à la volée ; abat la servante ; décroche, replie et fixe les traits du porteur ; passe au pas de course derrière la voiture ; dé-

Extrait. 2*

tête le sous-verge; se porte en avant de ses chevaux; décroche la chaîne de bout de timon, et déboucle la courroie d'agrafe du sous-verge; en fait autant pour le porteur; réunit les branches de support en avant; les enveloppe d'un tour avec les chaînes de bout de timon, et reprend la position du canonnier avant de monter à cheval.

Lorsque les conducteurs sont en armes, ils décrochent le sabre, après avoir dételé.

L'instructeur fait ensuite *monter à cheval.*

72. Lorsque les conducteurs exécutent sans hésitation les mouvements d'atteler et de dételer, l'instructeur leur fait exécuter ces mouvements aux commandements *Attelez à volonté* et *Dételez à volonté.* Au commandement *Attelez à volonté,* les conducteurs mettent pied à terre, attèlent et remontent à cheval; et au commandement *Dételez à volonté,* ils mettent pied à terre, dételent et remontent à cheval.

Sortir du parc.

73. Pour sortir du parc, l'instructeur commande:

1. *Sortez du parc.*
2. MARCHE.

Au commandement MARCHE, l'attelage de la voiture de droite se porte en avant pour dégager le timon Le conducteur de devant prend ensuite la direction qui lui est indiquée; il est suivi par le conducteur de derrière. Les autres attelages rompent successivement, de manière à prendre leur place dans la colonne, sans perdre leur distance.

Si le parc est formé sur deux lignes, les attelages de la seconde ligne se mettent en mouvement, dans chaque file, en même temps que les attelages correspondants de la première ligne, et allongent le pas pour reprendre leur distance dans la colonne.

Former les attelages en bataille.

74. La colonne étant arrivée dans la cour du quartier, l'instructeur commande :

       1. FRONT.

       2. HALTE.

       3. *A droite* = ALIGNEMENT.

       4. FIXE.

Au commandement FRONT, le canonnier qui est en tête de la colonne tourne à gauche, et se porte droit devant lui.

Au commandement HALTE, il s'arrête.

Les autres canonniers exécutent successivement un *à-gauche* lorsqu'ils sont près d'arriver vis-à-vis de la place qu'ils doivent occuper dans le rang, et ils s'arrêtent à hauteur de ce rang, ayant soin de conserver deux tiers de mètre d'intervalle, de leur sous-verge au porteur de leur voisin de droite.

Au commandement *A droite* = ALIGNEMENT, les canonniers s'alignent à droite, en conservant leurs intervalles.

75 Pour rentrer les chevaux à l'écurie, l'instructeur fait *mettre pied à terre* et *défiler*, comme il est prescrit n°. 26 et 27.

APPENDICE.

76. Lorsque la deuxième partie de l'*École du canonnier-conducteur* doit être exécutée avec des voitures appartenant aux batteries de 12 rayé de campagne, les attelages sont à 6 chevaux.

Tous les mouvements de cette deuxième partie sont applicables aux voitures attelées à 6 chevaux.

Ces mouvements se font aux mêmes commandements que pour les voitures attelées à 4 chevaux, et leur exécution a lieu suivant les mêmes principes, sauf les modifications ci-après :

Atteler. — Le conducteur du milieu attèle ses chevaux suivant les principes prescrits pour le conducteur de devant. Le conducteur de devant attend, pour accrocher les traits de ses chevaux, que les chevaux du milieu soient attelés.

Travail de pied ferme. — Pour exécuter le travail de pied ferme, les voitures sont établies à 15 mètres d'intervalle.

A gauche, à droite. — Le conducteur du milieu tourne sur le même terrain où le conducteur de devant a tourné.

Demi-tour à gauche. — Le conducteur de devant place de suite ses chevaux dans la direction du *demi-à-droite*; marche 7 mètres dans cette direction; tourne en avançant jusqu'à 13 mètres de son point de départ, et dépasse de 3 mètres à gauche la direction primitive.

En commençant le mouvement, le conducteur du milieu fait appuyer fortement ses chevaux à droite, puis il suit le conducteur de devant.

Demi-tour à gauche, les voitures marchant à la même hauteur. — L'instructeur fait le commandement préparatoire de manière à commander MARCHE, lorsque les chevaux de devant sont à 13 mètres au moins du grand côté.

Demi-tour à gauche, les voitures marchant en colonne. — L'instructeur fait le commandement préparatoire assez à temps pour commander MARCHE, lorsque les chevaux de devant des premières voitures sont à 13 mètres au moins du petit côté opposé.

NOTE
CONCERNANT LES DISPOSITIONS A PRENDRE PENDANT LES MARCHES.

———

Surveillance des officiers.

Pendant les marches, les officiers s'arrêtent fréquemment pour voir défiler la portion de colonne qu'ils commandent, et s'assurent ainsi que les voitures marchent en ordre, que les sous-officiers et brigadiers sont à leur poste et surveillent les voitures qui leur sont confiées.

A la sortie d'un défilé ou d'un lieu habité, les officiers et sous-officiers veillent avec soin à ce qu'aucune voiture ne reste en arrière, et que toutes marchent à leur distance; s'il est nécessaire, le commandant fait arrêter la tête de colonne, pour faire reprendre les distances et donner à la colonne le temps de se reformer avec ordre et sans augmenter l'allure.

Difficultés du terrain.

Quelle que soit la nature du terrain, il faut, avant de mettre une voiture en mouvement, que les traits de tous les chevaux soient tendus, afin que tout l'attelage fasse effort en même temps et sans à-coup.

Si le terrain présente au départ des difficultés, telles que sillons, marécages, ornières, etc., il faut diriger les chevaux obliquement, afin de faciliter le mouvement des roues de devant et par suite celui de la voiture, et ensuite obliquer dans le sens opposé pour prendre la direction convenable.

Si le terrain est généralement difficile, les voitures prennent entre elles 4 ou 5 mètres de distance pour que chacune puisse choisir son chemin: les conducteurs tiennent les jambes près, et activent le sous-verge, afin que le pas soit franc et décidé; on veille à ce que les chevaux de derrière ne soient pas plus ménagés que ceux de devant.

Montées.

Si la montée est rapide et courte, les conducteurs ont les jambes près, et soutiennent leurs chevaux sans gêner leur allure; on prend 8 ou 10 mètres de distance d'une voiture à l'autre; le pas doit être décidé; il faut activer le sous-verge avec le fouet s'il est nécessaire, afin qu'il emploie toute sa force; la montée franchie, on doit ralentir l'allure pendant quelques minutes pour rétablir les distances et faire reprendre haleine aux chevaux.

Si la montée est longue et peu rapide, on fait arrêter la colonne au bas de la côte, et mettre pied à terre à tous les conducteurs; chaque voiture se met en mouvement successivement, en prenant 10 mètres de distance, et les chevaux marchent au pas habituel.

Si la montée est longue, rapide, et le chemin en mauvais état, indépendamment de ce qui a été prescrit pour le cas précédent, on fait dételer les chevaux de devant de la deuxième moitié des voitures; on les attèle sur celles de la première moitié; on dispose sur les flancs de la colonne des canonniers-servants prêts à caler les roues au besoin; dans les passages étroits et bordés de précipices, les conducteurs se placent à la tête de leurs chevaux, du côté du précipice, pour les diriger et les soutenir.

S'il y a de la glace sur la montée, il faut la casser ou jeter de la terre dessus.

Quelles que soient les difficultés du terrain, il ne faut pas atteler plus de 10 chevaux à une même voiture; au delà de ce nombre, et même déjà alors, il devient difficile de faire agir avec ensemble un si nombreux attelage, et l'on est exposé, par défaut d'accord, à des retards et à des accidents.

Descentes.

Les conducteurs ne doivent jamais mettre pied à terre dans les descentes; le conducteur de derrière doit tenir son porteur en main et son sous-verge très-court; les autres chevaux ont les traits à peine tendus.

Enrayer.

Lorsqu'il est nécessaire d'enrayer, le conducteur de derrière dans les attelages à 4 chevaux, ou le conducteur du milieu dans les attelages à 6 chevaux, est toujours chargé de mettre pied à terre pour enrayer et pour désenrayer.

Dans les descentes rapides et difficiles on ne laisse que les chevaux de derrière; on place des servants et des chevaux en retraite, et chaque voiture descend successivement.

Tournants difficiles.

Dans les tournants difficiles, pour tourner à gauche, par exemple, il faut obliquer d'abord à droite le plus possible, tourner ensuite à gauche, de manière à passer près de l'obstacle sans le toucher, et se prolonger vers la droite de la route autant que le permet sa largeur ; si la longueur de l'attelage présente quelques difficultés, il faut dételer le plus de chevaux possible; enfin, si tout cela est insuffisant, il faut séparer les deux trains, et faire tourner à bras l'arrière-train.

Franchir un mauvais pas.

Pour éviter d'être arrêté par un mauvais pas, il convient de faire marcher chaque voiture à 8 ou à 10 mètres de celle qui la précède; on place ensuite, au point où l'obstacle présente le plus de difficultés, un officier ou un sous-officier, qui recommande aux conducteurs de tenir les jambes près et d'activer les sous-verges avec le fouet, afin de marcher à une allure franche et décidée, et de faire tirer tous les chevaux avec ensemble et avec force.

L'obstacle franchi, on calme les chevaux et l'on reprend les distances.

En aucun cas, les conducteurs ne doivent s'arrêter lorsqu'un trait vient à casser. Ils doivent continuer de marcher et profiter du premier temps d'arrêt pour rajuster le trait rompu.

Passer un fossé.

Pour passer un fossé, une tranchée ou un ruisseau profond, il faut, comme dans les cas précédents, augmenter les distances, placer près de l'obstacle un officier ou un sous-officier qui fait exécuter ce qui vient d'être dit; il recommande de passer autant que possible ces obstacles perpendiculairement à leur direction; cependant si les attelages étaient trop faibles, il faudrait couper l'obstacle diagonalement, en n'y faisant entrer les roues d'un même train que successivement.

Avec les affûts menés à la prolonge, après que les chevaux et l'avant-train ont franchi l'obstacle, il faut faire tendre la prolonge avec précaution, et n'agir avec force que quand la crosse est dégagée de la crête du fossé, de manière à ce qu'elle ne puisse y être arrêtée.

Passer un gué.

Quand le fond ou la sortie d'un gué présentent des difficultés, il faut doubler les attelages et placer un sous-officier à l'entrée du gué et un autre à la sortie: le premier fait observer les distances et prévient les conducteurs de ce qu'ils ont à faire, l'autre les dirige à la sortie du gué.

Dans cette circonstance, la manière de conduire les chevaux, de régler l'allure, est absolument la même que pour franchir un mauvais pas; mais surtout il

faut empêcher les chevaux de boire et de s'arrêter; à
cet effet, les conducteurs doivent constamment les
tenir dans les mains et dans les jambes jusqu'à ce
qu'ils soient arrivés sur la rive opposée.

Il faut faire passer sur le plus grand front possible.

Passage des ponts militaires.

A l'entrée des ponts on met pied à terre, excepté
les conducteurs de derrière; les conducteurs qui ont
mis pied à terre marchent à hauteur de la tête de leurs
chevaux, tenant les rênes du porteur avec la main
droite, près du mors. On laisse 20 mètres de
distance d'une voiture à l'autre; elles marchent à une
allure franche et décidée, en suivant, autant que possible, le milieu du tablier du pont; si le tablier est
mouillé, les conducteurs soutiennent leurs chevaux
pour les empêcher de glisser.

Pour passer un pont volant, on dételle; on place
les voitures à bras sur le tablier, de manière à laisser
dans le milieu du pont un espace libre pour les hommes et les chevaux; on enraie, et on cale les roues.

Les conducteurs tiennent leurs chevaux leur faisant
face.

Marche de nuit, et dans un bois.

Dans les marches de nuit, la surveillance des officiers et des sous-officiers doit être plus soutenue et
plus active encore que dans les marches de jour: ils
veillent à ce que les conducteurs ne dorment point à

cheval, à ce que chaque voiture soit constamment à
sa distance et dans la même voie que celle qui la précède; ils ne souffrent pas que les conducteurs mettent
pied à terre sans y être autorisés; à chaque halte, et
avant de monter à cheval, ils prescrivent aux conducteurs de soulever et de tirer à eux les traits de
leurs chevaux, pour s'assurer que ceux-ci ne sont pas
empêtrés.

Si l'on doit traverser un bois touffu, dont les chemins
sont obstrués par des branches, on fait mettre pied
à terre aux conducteurs; mais si les chemins sont
étroits et encaissés, les ornières profondes et le terrain
glissant, ils doivent rester sur leurs chevaux pour les
soutenir et les activer.

Généralement, quand on marche dans un pays ac-
cidenté et coupé de fossés profonds, on envoie en
avant un officier ou un sous-officier chargé de recon-
naître les passages; il est accompagné de servants
munis de pioches et de pelles, pour abattre les crêtes
des fossés et aplanir les difficultés du terrain.

ÉCOLE DE SECTION.

77. Les canonniers ayant été suffisamment exercés à conduire une voiture dans toutes les directions *au pas* et *au trot*, on les fait passer à l'*École de section*, qui a pour but de les confirmer dans les principes, et de les former au travail d'ensemble, en leur faisant exécuter tous les mouvements de la section dans la batterie.

Lorsque les mouvements sont bien exécutés *au pas*, l'instructeur les fait répéter *au trot*, exigeant toujours la même précision.

DANS LES SECTIONS A CHEVAL, l'instructeur fait exécuter, comme complément d'instruction, des marches en colonne ou en bataille, et des formations en batterie à l'allure du *galop;* mais il a soin de ne pas laisser les chevaux longtemps de suite à cette allure, qui ne doit être employée qu'exceptionnellement avec des chevaux attelés.

La section est composée comme il est prescrit (tit. Ier, art. Ier).

Un sous-officier, sous le nom de *sous-instructeur*, est chargé de seconder l'instructeur; il tient la place du chef de section, l'instructeur devant être libre de ses mouvements, afin de mieux surveiller l'instruction. La place du sous-instructeur est à 1 mètre du flanc, du côté où l'a placé la rupture, et à hauteur du chef de la pièce qui est en tête, toutes les fois que la section est en colonne; au centre de la section, à hauteur des conducteurs de devant du premier rang, lorsque la section est en bataille; et au milieu de l'intervalle des pièces, à égale distance des bouches à feu et des avant-trains, lorsque la section est en batterie.

La place des chefs de pièce ou de caisson est habituellement près et à hauteur du conducteur de devant de la voiture qu'ils sont chargés de diriger. Lorsqu'il est fait exception à cette règle, le détail l'indique.

Dans les sections montées, les servants ne sont appelés à l'*École de section* qu'à partir du deuxième article.

Dans les sections a cheval, les servants doivent, en principe, être présents à tous les exercices de l'*École de section*.

Lorsque les servants ont des mouvements particuliers à exécuter, le détail en est donné. Il n'est pas parlé d'eux dans les différents cas où les servants à pied conservent leur position, soit autour de la pièce, soit sur les coffres, et où les servants à cheval n'ont qu'à suivre leur pièce.

Le texte de l'École de section s'applique également à une section de 4 rayé, soit montée, soit a cheval, en tenant compte, pour ce dernier cas, des distances et des intervalles nécessités par les pelotons de servants à cheval.

Les modifications que doit subir le texte pour être applicable à une section de 12 rayé de campagne, sont consignées dans un *Appendice* faisant suite à l'*École de section*.

Pour l'*École de section*, les canonniers sont en petite tenue, en armes et shakos.

Les chevaux sont sellés sans schabraque; les sousverges ne portent habituellement ni les bridons, ni la couverture.

L'instructeur et le sous-instructeur ont le sabre à la main.

ARTICLE Ier.

Dispositions préparatoires.

Entrer au parc. — Atteler. — Rompre le parc.

Principes d'alignement.

Alignement de la section.

Rompre la section par pièces.

Marche directe en colonne par pièces.

Changement de direction.

Extrait.   3

Arrêter la colonne et la porter en avant.

Marche oblique individuelle.

Marche de flanc.

Demi-tour individuel.

Contre-marche.

Doublement de voitures.

La section marchant en colonne par pièces, la former en avant, à gauche ou sur la droite en bataille.

Marche directe de la section en bataille.

Contre-marche.

Conversions.

Marche oblique individuelle.

Marche de flanc.

Demi-tour individuel.

Doublement de voitures.

Serrer et reprendre l'intervalle.

Rompre la section par pièces à la même allure.

Former la section à la même allure.

Rompre la section par pièces en doublant l'allure.

Former la section en doublant l'allure.

Former le parc. — Dételer. — Sortir du parc.

Dispositions préparatoires.

78. Les servants sont réunis sur deux rangs et partagés en deux pelotons destinés chacun à servir une pièce; le peloton qui doit servir la première pièce occupe la droite.

Dans chaque peloton, les servants sont placés dans l'ordre suivant:

Sections montées.

PREMIER RANG.	DEUXIÈME RANG.
Premier servant de gauche.	Premier servant de droite.
Pointeur.	Pointeur-servant.
Deuxième servant de gauche.	Deuxième servant de droite [1] (garde-coffre).

Sections à cheval.

PREMIER RANG.	DEUXIÈME RANG.
Premier servant de gauche.	Premier servant de droite.
Garde-chevaux.	Garde-chevaux.
Pointeur.	Pointeur-servant.
Deuxième servant de gauche.	Deuxième servant de droite (garde-coffre).

Les conducteurs sont réunis à cheval, sur un seul rang, à la gauche des servants; ils conservent deux tiers de mètre d'intervalle, comptés de leur sous-verge au porteur de leur voisin de droite. L'attelage de chaque caisson est placé à la gauche de l'attelage de la pièce correspondante.

Le sous-instructeur se place en avant du centre du détachement des servants, la croupe de son cheval à 2 mètres du premier rang, DANS LES SECTIONS MONTÉES, et à 1 mètre de la tête des chevaux du premier rang, DANS LES SECTIONS A CHEVAL.

Le chef de la première pièce [2] se place à la gauche du sous-instructeur et sur le même alignement.

Le chef de la deuxième pièce se place à 1 mètre en avant du centre de l'attelage de la première pièce, la croupe de son cheval à 1 mètre de la tête des chevaux du rang.

---

1. Autant que possible, l'artificier ou un homme pouvant en remplir les fonctions.
2. Lorsque la manœuvre a lieu sans les servants, chaque chef de pièce se place en avant du centre de son attelage, la croupe de son cheval à 1 mètre de la tête des chevaux du rang. Le sous-instructeur se place au centre des attelages, sur l'alignement des chefs de pièce.

Chaque chef de caisson se place à la droite des chevaux de devant de son attelage, sur l'alignement des conducteurs.

Entrer au parc. — Atteler. — Rompre le parc.

79. Ces premières dispositions étant prises, l'instructeur conduit la section au parc, en la faisant marcher par le flanc.

Le sous-instructeur et le chef de la première pièce marchent en tête de la colonne des servants.

Le chef de la deuxième pièce marche près et à gauche du conducteur qui est en tête des attelages, et chaque chef de caisson près et à gauche du conducteur de devant de son attelage.

En arrivant au parc, le sous-instructeur dirige la colonne des servants et la forme en bataille, face aux voitures, sur une ligne parallèle aux timons, la droite à 4 mètres et à hauteur du bout des timons de la première ligne de voitures, si le parc doit être rompu par la droite; ou la gauche à 4 mètres et à hauteur du bout des timons de la première ligne de voitures, si le parc doit être rompu par la gauche.

Les servants étant en bataille et alignés, les pointeurs vont chercher et distribuent les armements, qui ont dû être à l'avance suspendus au bouton de culasse.

Dès que les servants sont équipés, le chef de la première pièce se porte à son attelage.

DANS LES SECTIONS MONTÉES, le sous-instructeur fait mettre le mousqueton en bandoulière, avant de faire distribuer les armements.

L'instructeur fait *entrer les attelages au parc* [1], comme il est prescrit n° 31; les attelages des caissons se conformant à ce qui est prescrit lorsque le parc est formé sur

---

1. Le parc a dû être formé à l'avance sur deux lignes, chaque caisson derrière sa pièce, le bout du timon à 12 mètres au moins de la volée de la pièce.

deux lignes. A mesure que chaque attelage arrive à la place qu'il doit occuper, les chefs de pièce ou de caisson continuent de marcher, et se placent dans le prolongement de leur attelage à 1 mètre en avant.

80. Le mouvement d'*entrer au parc* étant terminé, l'instructeur fait *mettre pied à terre, atteler* et *monter à cheval*, comme il est prescrit n° 32.

A la première partie du commandement PRÉPAREZ-VOUS POUR METTRE PIED A TERRE, les chefs de pièce et de caisson exécutent un *demi-tour à gauche*, et se placent, face à la troupe, dans le prolongement de leur attelage; ils restent à cheval pendant que les conducteurs attèlent, et à la dernière partie du commandement A = CHEVAL, ils se replacent, par un *demi-tour à droite*, à 1 mètre en avant des chevaux de devant de leur voiture.

81. Les servants étant équipés et les voitures étant attelées, l'instructeur fait *rompre le parc*, comme il est prescrit n° 33.

Les chefs de pièce et de caisson prennent leur place près et à gauche du conducteur de devant de leur voiture, dès que cette voiture est sortie du parc.

DANS LES SECTIONS MONTÉES, chaque peloton de servants, à l'avertissement du pointeur, se forme successivement en colonne par le flanc gauche, lorsque sa pièce se met en mouvement; se dirige vers la volée; se divise des deux côtés de la voiture, le premier rang à droite, le deuxième rang à gauche, et suit la pièce, les premiers servants à hauteur de la volée, les autres successivement à 1 mètre en avant.

Les caissons ralentissent un instant pour laisser les servants à pied prendre leurs places.

Dans les sections a cheval, chaque peloton de servants se porte successivement en avant, à l'avertissement du pointeur, lorsque sa pièce se met en mouvement; il se dirige ensuite vers la volée; se place, par une conversion, à 1 mètre de la volée, et suit sa pièce. Les caissons ralentissent pour permettre aux pelotons de servants de prendre leur place, et serrent ensuite à 1 mètre de la croupe des chevaux du deuxième rang.

Le sous-instructeur surveille le mouvement des pelotons de servants, et ne va prendre sa place en tête de la colonne, que lorsque les pelotons de servants sont à leurs pièces.

82. Lorsqu'on fait rompre le parc par la gauche, les mouvements des pelotons de servants s'exécutent suivant les mêmes principes.

83. Dans les sections montées, lorsque l'instructeur veut faire monter les servants sur les coffres[1], il arrête la colonne, et commande : Canonniers, montez.

Au commandement Canonniers, montez, les servants montent sur les coffres et s'y placent dans l'ordre suivant :

	Sur l'avant-train de la pièce.	Sur l'avant-train du caisson.	Sur l'arrière-train du caisson.
A droite ..	Le pointeur.	Le 1er servant de gauche.	Le 2e serv. de droite (garde-coffre).
A gauche .	Le pointeur-servant.	Le 1er servant de droite.	Le 2e servant de gauche.

1. Lorsque l'instructeur veut augmenter la rapidité des manœuvres, il prévient les servants qu'une fois montés sur les coffres, ils n'en descendront que pour mettre les pièces en batterie, et remonteront

La section étant arrêtée, pour faire descendre les servants des coffres, l'instructeur commande: CANONNIERS, DESCENDEZ.

Au commandement CANONNIERS, DESCENDEZ, les servants sautent à terre, et reprennent leurs postes autour de la pièce.

84. La colonne étant arrivée sur le terrain de manœuvre, l'instructeur forme la section en bataille par de simples avertissements, en plaçant la deuxième pièce suivie de son caisson, à la gauche de la première pièce et à 10 mètres ou à 13 mètres d'intervalle, selon que la section est une SECTION MONTÉE ou une SECTION A CHEVAL. Dans le premier cas, les chevaux de devant des caissons serrent à 1 mètre de la volée des pièces, et dans le second cas, ils se maintiennent à 1 mètre du deuxième rang des pelotons de servants à cheval.

Principes d'alignement.

85. L'alignement se prend sur les conducteurs de derrière.

Dans tous les alignements, les traits doivent être tendus, afin que de l'alignement des conducteurs de derrière résulte, autant que possible, celui des roues des voitures et des conducteurs de devant.

Les voitures du deuxième rang, indépendamment de l'alignement, se maintiennent exactement en file derrière celles qui leur correspondent au premier rang, et à leur distance.

Alignement de la section.

86. La section étant en bataille, l'instructeur, pour l'aligner, fait porter la pièce de droite, suivie de son caisson, à 5 mètres en avant, ensuite il commande :

---

toujours, sans que le commandement en soit fait, dès que les deux trains seront réunis.

Cette disposition est tout à fait particulière aux manœuvres rapides, en toute autre circonstance, les servants doivent marcher.

1. *A droite* = ALIGNEMENT.

2. FIXE.

A la dernière partie du premier commandement qui est ALIGNEMENT, la pièce de gauche, suivie de son caisson, se porte en avant sans à-coup, en conservant son intervalle ; les canonniers, tournant la tête à droite et ralentissant les derniers pas, afin d'arriver à hauteur des voitures de droite, sans dépasser l'alignement.

Au commandement FIXE, replacer la tête directe.

DANS LES SECTIONS A CHEVAL, les servants de la pièce de gauche s'alignent sur ceux de la pièce de droite.

87. L'alignement à gauche s'exécute suivant les mêmes principes et par les moyens inverses, aux commandements : 1. *A gauche* = ALIGNEMENT ; 2. FIXE.

88. Dans tous les alignements, l'instructeur, pour rectifier l'alignement, se place perpendiculairement au flanc de la troupe, à hauteur et à 5 mètres du conducteur de derrière du premier rang de voitures, faisant face à gauche, si l'alignement est à droite, et faisant face à droite, si l'alignement est à gauche. Après avoir rectifié l'alignement du premier rang, l'instructeur passe à celui du deuxième rang, et ne commande FIXE que lorsque le deuxième rang est aligné.

Rompre la section par pièces.

89. La section étant en bataille, l'instructeur commande :

1. *Par la droite* = *rompez la section.*

2. MARCHE.

Au commandement MARCHE, les deux voitures de la file de droite se portent droit devant elles ; elles sont suivies par les voitures de la file de gauche, qui ne se mettent en mouvement que lorsque les chevaux de devant de la voiture du premier rang sont dépassés par les chevaux de derrière de la voiture de droite du deuxième rang; chaque voiture de la file de gauche fait un *demi-à-droite*, et marche dans cette nouvelle direction jusqu'à ce qu'elle rencontre la colonne, où elle prend rang par un *demi-à-gauche*, en avançant.

90. Pour rompre la section par la gauche, le mouvement s'exécute suivant les mêmes principes, et par les moyens inverses, aux commandements: 1. *Par la gauche = rompez la section;* 2. MARCHE.

Marche directe en colonne par pièces.

91. Les conducteurs doivent marcher à une allure franche et bien égale; ils doivent regarder constamment en avant, et régler leur allure sur celle des voitures qui les précèdent, les conducteurs de devant conservant toujours 1 mètre de distance entre la tête de leurs chevaux et le derrière de la voiture qui les précède immédiatement. Ils doivent reprendre avec modération leurs distances quand ils les ont perdues.

DANS LES SECTIONS A CHEVAL, lorsque les pièces sont en tête, les conducteurs de devant des caissons maintiennent la tête de leurs chevaux à 1 mètre de la croupe des chevaux du deuxième rang des pelotons de servants.

Changement de direction.

92. La section marchant en colonne par pièces, pour lui faire exécuter des changements de direction, l'instructeur commande :

Tête de colonne à gauche (ou *à droite*).

A ce commandement, le sous-instructeur commande :
1. *Tournez* (à) GAUCHE (ou [à] DROITE) ; 2. *En* = AVANT,
et le mouvement s'exécute comme il est prescrit n° 51.

Arrêter la colonne et la porter en avant.

93.   L'instructeur arrête la colonne, et la remet en mouvement, comme il est prescrit n° 48.

La colonne étant arrêtée, si l'instructeur veut la faire
partir de pied ferme *au trot*, il se conforme à ce qui est
prescrit n° 61.

La première voiture doit partir franchement *au trot*,
afin de donner aux autres la facilité de prendre cette
allure, sans marcher d'abord *au pas*.

La colonne marchant *au trot*, on la fait arrêter en se
conformant à ce qui est prescrit n° 62.

Marche oblique individuelle.

94.   La colonne étant de pied ferme ou en marche, pour
lui faire gagner du terrain vers l'un de ses flancs, en avançant, l'instructeur commande :

1. *Pièces et caissons oblique à gauche* (ou *à droite*).
2. MARCHE.

Au commandement MARCHE, chaque voiture exécute
un *demi-à-gauche* (ou un *demi-à-droite*), et, le mouvement achevé, se porte droit devant elle, dans sa
nouvelle direction ; toutes suivant des lignes parallèles,
et se réglant à droite (ou à gauche), pour se maintenir
à la même hauteur, et conserver leurs intervalles de
ce côté.

Pour faire reprendre la direction primitive, l'instructeur
commande :

En = AVANT.

A ce commandement, les voitures se redressent par un *demi-à-droite* (ou un *demi-à-gauche*), et, le mouvement achevé, se portent droit devant elles, en reformant la colonne.

Marche de flanc.

95. La colonne étant de pied ferme, ou en marche, pour lui faire gagner du terrain vers l'un de ses flancs par un mouvement individuel, l'instructeur commande :

1. *Pièces et caissons à gauche* (ou *à droite*).
2. MARCHE.
3. *En* = AVANT.

Ce qui s'exécute comme il est prescrit n° 56.

DANS LES SECTIONS MONTÉES, les voitures, après avoir exécuté leur *à-gauche* ou leur *à-droite* individuel, sont à 10 mètres d'intervalle.

DANS LES SECTIONS A CHEVAL, les voitures sont à 17 mètres ou à 10 mètres d'intervalle, selon la position relative des pièces et des caissons.

Au commandement MARCHE, les pelotons de servants exécutent une conversion dans le même sens que leurs pièces, et se placent à côté et à 1 mètre des roues, la tête des chevaux du premier rang à hauteur de l'essieu de l'avant-train. Ils se trouvent à gauche de leurs pièces dans la marche de flanc à gauche, et à droite dans la marche de flanc à droite.

Pour faire reprendre la direction primitive, l'instructeur fait exécuter le mouvement inverse.

Dans les sections a cheval, les pelotons de servants se replacent derrière leurs bouches à feu, en exécutant à propos une conversion dans le même sens que les pièces.

Demi-tour individuel.

96. La colonne étant de pied ferme ou en marche, pour faire face du côté opposé à sa direction, l'instructeur commande :

    1. *Pièces et caissons demi-tour à gauche.*
    2. Marche.
    3. Halte (ou *En* = avant).

Ce qui s'exécute comme il est prescrit n° 59; les canonniers observant de plus de se régler sur la tête de la colonne pendant la première moitié du demi-tour, et pendant la deuxième moitié, sur la voiture qui doit prendre la tête de la colonne, à la fin du mouvement.

L'instructeur commande Halte ou *En* = avant, selon qu'il veut arrêter la colonne ou la porter en avant, après le demi-tour.

Contre-marche.

97. La colonne étant de pied ferme ou en marche, pour faire face au côté opposé à sa direction, mais en conservant, dans chaque file de deux voitures, la même espèce de voiture en tête, l'instructeur commande :

    1. *Contre-marche.*
    2. Marche.
    3. Halte (ou *En* = avant).

Au commandement Marche, la première voiture de chaque file exécute d'abord un demi-tour; marche ensuite droit devant elle, et se porte à la place qu'occupait la voiture du deuxième rang; la voiture du deuxième rang suit celle du premier; fait demi-tour sur le même terrain qu'elle, et prend la place que la voiture du premier rang occupait avant le mouvement.

Les conducteurs ont l'attention de se régler sur la tête de la colonne, pendant la première moitié du mouvement, et pendant la deuxième moitié, sur la voiture qui prend la tête de la colonne.

L'instructeur commande HALTE ou *En = AVANT*, selon qu'il veut arrêter la colonne ou la porter en avant, après la contre-marche.

98. Lorsque les mouvements des nᵒˢ 94, 95, 96 et 97 s'exécutent correctement de pied ferme, et en marchant *au pas,* l'instructeur les fait répéter d'abord en marchant *au trot,* et ensuite en partant de pied ferme au trot.

Doublement de voitures.

99. La colonne étant de pied ferme, les pièces en tête, pour faire passer chaque caisson en avant de sa pièce, l'instructeur commande :

    1. *Caissons doublez vos pièces.*

    2. MARCHE.

Au commandement MARCHE, les caissons prennent le trot; les conducteurs font de suite obliquer leurs chevaux à droite en avançant; se redressent; longent leurs pièces, sans trop s'en écarter; rentrent dans la direction primitive, en obliquant à gauche, et s'arrêtent dès qu'ils sont à leur distance.

En rentrant dans la direction primitive, les conducteurs des voitures qui doublent, doivent avoir soin de ne pas raser de trop près le sous-verge de devant de la voiture qu'ils doublent.

100. La colonne étant en marche *au pas*, l'instructeur commande :

1. *Caissons doublez vos pièces.*
2. Marche.

Au commandement Marche, les caissons prennent le trot; doublent leurs pièces, et passent au pas dès qu'ils sont rentrés dans la colonne.

Les pièces continuent de marcher, en conservant leur allure et leur direction; elles suivent les caissons, quand ils sont rentrés dans la colonne.

La colonne marchant *au trot*, le doublement s'exécute aux mêmes commandements, et suivant les mêmes principes; les pièces continuent de marcher *au trot*, les caissons doublent en allongeant le trot, et reprennent leur allure primitive, dès que le doublement est exécuté.

101. Lorsque les caissons sont en tête, le doublement s'exécute suivant les mêmes principes, aux commandements : 1. *Pièces doublez vos caissons;* 2. Marche.

La section marchant en colonne par pièces, la former en avant, à gauche ou sur la droite en bataille.

102. La section marchant en colonne par pièces, pour la former en avant en bataille, en gagnant du terrain à gauche, l'instructeur commande :

1. *En avant en bataille, oblique à gauche.*
2. Marche.
3. Halte.
4. *A droite* = alignement.
5. Fixe.

Au commandement Marche, les deux premières voitures continuent de marcher droit devant elles; les

deux suivantes obliquent immédiatement à gauche;
marchent dans cette direction, et se redressent par
un *demi-à-droite* individuel, vis-à-vis de la place
qu'elles doivent occuper dans la section.

Lorsque les deux premières voitures ont marché
10 mètres, l'instructeur commande: HALTE. A ce commandement, elles s'arrêtent bien carrément; les autres
viennent se former à leur gauche, en prenant leur
intervalle et en s'alignant à droite.

Les voitures étant alignées, l'instructeur commande:
FIXE.

L'instructeur fait le commandement *A droite* = ALIGNE-
MENT immédiatement après celui HALTE, et ne commande
FIXE, que lorsque la section est alignée.

103. La section marchant en colonne par pièces, la formation en avant en bataille, en gagnant du terrain à droite,
s'exécute suivant les mêmes principes, et par les moyens
inverses, aux commandements: 1. *En avant en bataille,
oblique à droite*; 2. MARCHE; 3. HALTE; 4. *A gauche* =
ALIGNEMENT; 5. FIXE.

104. La section marchant en colonne par pièces, pour
la former en bataille sur son flanc gauche, l'instructeur
commande:

1. *A gauche en bataille.*
2. MARCHE.
3. HALTE.
4. *A droite* = ALIGNEMENT.
5. FIXE.

Au commandement MARCHE, la première pièce, suivie
de son caisson, tourne à gauche, et se porte droit
devant elle; la deuxième pièce, suivie de son caisson,
continue de marcher droit devant elle, et, à 3 mètres

avant d'arriver à hauteur de la place qu'elle doit occuper dans la section, elle tourne à gauche.

Lorsque la première pièce a marché 35, mètres, l'instructeur commande: HALTE. A ce commandement, les deux premières voitures s'arrétent bien carrément, et en file; les deux autres viennent se former à leur gauche, en prenant leur intervalle, et en s'alignant à droite.

Les voitures étant alignées, l'instructeur commande: FIXE.

L'instructeur fait le commandement *A droite* = ALIGNEMENT, immédiatement après celui HALTE, et ne commande FIXE, que lorsque la section est alignée.

105. La section marchant en colonne par pièces, pour la former en bataille sur son flanc droit, le mouvement s'exécute suivant les mêmes principes et par les moyens inverses, aux commandements: 1. *A droite en bataille;* 2. MARCHE; 3. HALTE; 4. *A gauche* = ALIGNEMENT; 5. FIXE.

106. La section marchant en colonne par pièces, pour la former en bataille sur le prolongement en avant de son flanc droit, l'instructeur commande:

    1. *Sur la droite en bataille.*

    2. MARCHE.

    3. HALTE.

    4. *A droite* = ALIGNEMENT.

    5. FIXE.

Au commandement MARCHE, la première pièce, suivie de son caisson, tourne à droite, et se porte droit devant elle; la deuxième pièce, suivie de son caisson, continue de marcher droit devant elle, et, à 3 mètres avant d'arriver à hauteur de la place qu'elle doit occuper dans la section, elle tourne à droite.

Lorsque la première pièce a marché 35 mètres, l'instructeur commande: HALTE. A ce commandement, les deux premières voitures s'arrêtent bien carrément et en file; les deux autres viennent se former à leur gauche, en prenant leur intervalle, et en s'alignant à droite.

Les voitures étant alignées, l'instructeur commande: FIXE.

L'instructeur fait le commandement *A droite* = ALIGNEMENT, immédiatement après celui HALTE, et ne commande FIXE, que lorsque la section est alignée.

107. La section marchant en colonne par pièces, pour la former en bataille, sur le prolongement en avant de son flanc gauche, le mouvement s'exécute suivant les mêmes principes et par les moyens inverses, aux commandements: 1. *Sur la gauche en bataille;* 2. MARCHE; 3. HALTE; 4. *A gauche* = ALIGNEMENT; 5. FIXE.

108. Lorsque ces mouvements s'exécutent avec régularité en marchant *au pas,* l'instructeur les fait répéter en marchant *au trot.*

Marche directe de la section en bataille.

109. La section étant en bataille, l'instructeur donne au guide un point de direction, et commande:

> 1. *Section en avant.*
> 2. *Guide à droite.*
> 3. MARCHE.

Au commandement MARCHE, les voitures se portent ensemble droit devant elles à la même allure que le guide; le chef de la voiture de droite du premier rang est guide de la marche, il conserve une allure franche et bien égale, et se maintient dans la direction indiquée.

Le chef de la voiture de gauche du premier rang jette de temps en temps un coup d'œil du côté du guide, pour se maintenir à la même hauteur, et conserver son intervalle de ce côté.

Les voitures du deuxième rang suivent celles du premier, en conservant leur distance, et se maintiennent exactement en file derrière elles.

Pour arrêter la section, l'instructeur commande :

> 1. *Section.*
> 2. Halte.
> 3. *A droite* = alignement.
> 4. Fixe.

Au commandement Halte, toutes les voitures s'arrêtent.

Au commandement *A droite* = alignement, elles s'alignent à droite.

Les voitures étant alignées, l'instructeur commande : Fixe.

La marche en bataille s'exécute avec le guide à gauche, suivant les mêmes principes et par les moyens inverses.

110. La marche en bataille ayant été exécutée *au pas*, avec le guide à droite, et avec le guide à gauche, on répète les mêmes mouvements *au trot*.

On exerce ensuite la section à partir de pied ferme au trot, et à s'arrêter en marchant à cette allure.

Contre-marche.

111. Lorsque la section est arrivée à l'extrémité du terrain l'instructeur commande :

1. *Contre-marche.*

2. MARCHE.

3. HALTE ou $\left\{\begin{array}{l} \text{3. } En = \text{AVANT.} \\ \text{4. } \textit{Guide à droite.} \end{array}\right.$

Le mouvement s'exécute, dans chaque file, suivant les principes prescrits n° 97. Les conducteurs de la première voiture de gauche ont l'attention de se régler pendant la première moitié du mouvement sur ceux de la voiture du premier rang qui se trouve à leur droite; et pendant la deuxième moitié du mouvement, la voiture qui prend la gauche, se règle également sur celle qui se trouve à sa droite.

L'instructeur commande HALTE ou 1. *En* = AVANT; 2. *Guide à droite,* selon qu'il veut arrêter la section ou la porter en avant, après la contre-marche.

112. Lorsque le mouvement est bien exécuté de pied ferme, et en marchant au pas, l'instructeur le fait répéter, d'abord en marchant au trot, et ensuite en partant de pied ferme au trot.

Conversions.

113. Il n'y a qu'une seule espèce de conversion, celle à pivot mouvant.

Le quart de cercle que doit décrire la voiture pivot, est de 5 mètres.

La conversion n'est terminée que lorsque la voiture pivot, après avoir décrit le quart de cercle prescrit, s'est portée en avant, dans la nouvelle direction, d'une longueur égale à la profondeur de la section.

Pendant toute la durée de la conversion, le guide est au pivot et les intervalles se conservent du même côté.

Lorsque, après une conversion, on arrête la section, l'alignement est toujours commandé du côté de l'*aile marchante.*

Lorsque, après une conversion, on porte la section en avant, le guide est commandé sur l'*aile marchante*, dès que la conversion est terminée, à moins que le mouvement de la section dans la batterie n'exige le contraire.

Dans le cas où la conversion a lieu aux commandements : 1. *Tournez* = (à) *gauche* (ou [à] *droite*); 2. *En* = AVANT, le guide revient sans indication, après la conversion, du côté où il était précédemment.

Si, pour converser, on indique une nouvelle allure, le pivot converse à cette allure et la conserve après la conversion.

114. La section étant de pied ferme, pour la placer dans une direction perpendiculaire à l'ancien front, l'instructeur commande :

1. *Section à gauche* (ou *à droite*).
2. MARCHE.
3. HALTE.
4. *A droite* (ou *à gauche*) = ALIGNEMENT.
5. FIXE.

Au commandement MARCHE, la voiture pivot du premier rang décrit un quart de cercle de 5 mètres *au pas*, et se porte ensuite droit devant elle.

La voiture du premier rang de l'aile marchante prend le trot, et tourne du côté indiqué, en se réglant sur le pivot pour conserver son intervalle, et arriver en même temps à la fin de la conversion; lorsqu'elle arrive à hauteur de la voiture pivot du premier rang, elle passe au pas.

Les voitures du deuxième rang suivent à leur distance, pendant toute la durée du mouvement, celles qui les précèdent au premier rang.

Au commandement HALTE, la section s'arrête.

L'instructeur commande HALTE, lorsque les deux voitures pivots, après avoir parcouru un quart de cercle de 5 mètres, sont redressées dans la nouvelle direction. Il fait alors porter en avant les voitures de l'aile marchante, de manière qu'elles soient bien redressées, et commande ensuite l'alignement.

115. La section étant de pied ferme, pour la placer dans une direction oblique à l'ancien front, l'instructeur commande:

1. *Section demi-à-gauche* (ou *demi-à-droite*).
2. MARCHE.
3. HALTE.
4. *A droite* (ou *à gauche*) = ALIGNEMENT.
5. FIXE.

Ce qui s'exécute suivant les principes prescrits n° 114, en observant que la voiture pivot du premier rang ne doit parcourir que la moitié d'un quart de cercle de 5 mètres, et qu'elle se porte ensuite droit devant elle.

116. La section étant en marche *au pas* ou *au trot*, l'instructeur lui fait exécuter les mêmes mouvements aux commandements: 1. *Section à gauche* (ou *à droite*), *demi-à-gauche* (ou *demi-à-droite*); 2. MARCHE; 3. *En* = AVANT; 4. *Guide à droite* (ou *à gauche*).

Au commandement MARCHE, les voitures placées au pivot exécutent leur mouvement sans changer d'allure; celles placées à l'aile marchante prennent le *trot* ou le *trot allongé*, selon que l'allure à laquelle on marchait précédemment était le *pas* ou le *trot*.

Au commandement *En* = AVANT, la voiture pivot du premier rang se porte droit devant elle à la même allure; les voitures de l'aile marchante reprennent l'allure à laquelle on marchait précédemment, dès qu'elles arrivent à hauteur des voitures qui leur correspondent au pivot.

L'instructeur fait le commandement *En =* AVANT, lorsque la voiture pivot du premier rang est redressée dans la nouvelle direction.

Le guide étant au pivot pendant toute la durée de la conversion, l'instructeur ne le commande sur l'aile marchante, que lorsque la conversion est entièrement terminée.

117. La section étant de pied ferme, et ayant exécuté un *à-gauche* ou un *à-droite*, un *demi-à-gauche* ou un *demi-à-droite*, l'instructeur peut, au lieu de l'arrêter, la porter en avant aux commandements : 1. *En =* AVANT ; 2. *Guide à droite* (ou *à gauche*).

118. La section étant en marche, et supposée tête de colonne, pour lui faire changer de direction, l'instructeur commande :

> *Tête de colonne à gauche* (ou *à droite*).

A ce commandement, le sous-instructeur commande : 1. *Tournez =* (à) GAUCHE (ou [à] DROITE); 2. *En =* AVANT.

Ce qui s'exécute suivant les principes prescrits n° 116.

Marche oblique individuelle.

119. La section étant en bataille, de pied ferme ou en marche, pour lui faire gagner du terrain vers l'un de ses flancs en avançant, et sans changer de front, l'instructeur commande :

1. *Pièces et caissons oblique à gauche* (ou *à droite*).
2. MARCHE.

Au commandement MARCHE, chaque voiture exécute un *demi-à-gauche* (ou un *demi-à-droite*), et se porte ensuite droit devant elle, dans la nouvelle direction.

Le chef de la voiture du premier rang du côté de l'oblique, est guide de la marche. Le chef de la voiture du premier rang du côté opposé à celui vers lequel on oblique, se règle sur le guide, pour se maintenir à sa hauteur et conserver son intervalle.

Les voitures du deuxième rang se conforment, dans chaque file, aux principes de la marche oblique en colonne par pièces, n° 94.

Lorsque la section a suffisamment obliqué, l'instructeur commande :

$$En = \text{AVANT.}$$

A la dernière partie du commandement qui est AVANT, toutes les voitures exécutent un *demi-à-droite* (ou un *demi-à-gauche*), et se portent ensuite droit devant elles, en se conformant aux principes de la marche directe.

Dans la marche oblique, le guide est toujours du côté vers lequel on oblique, sans que l'indication en soit faite ; et après le commandement *En* = AVANT, le guide revient, également sans indication, du côté où il était précédemment.

120. Lorsque le mouvement est bien exécuté de pied ferme, et en marchant au pas, l'instructeur le fait répéter, d'abord en marchant au trot, et ensuite en partant de pied ferme au trot.

Marche de flanc.

121. La section étant en bataille, de pied ferme ou en marche, pour lui faire gagner du terrain vers l'un de ses flancs, par un mouvement individuel, l'instructeur commande :

1. *Pièces et caissons à gauche* (ou *à droite*).
2. Marche.
3. *En* = avant.
4. *Guide à droite* (ou *à gauche*).

Au commandement Marche, toutes les voitures exé-cutent un *à-gauche* (ou un *à-droite*), et se portent ensuite droit devant elles, se conformant aux principes de la marche directe. Les pièces forment une file, et les caissons en forment une autre.

Dans les sections montées, les voitures sont à 10 mètres d'intervalle et à 1 mètre de distance.

Dans les sections a cheval, les voitures sont à 17 ou à 10 mètres d'intervalle selon la position rela-tive des pièces et des caissons, et à 4 mètres de distance.

Les pelotons de servants se conforment à ce qui est prescrit n° 95.

Pour faire reprendre la direction primitive, l'instructeur commande :

1. *Pièces et caissons à droite* (ou *à **gauche***).
2. Marche.
       et
3. Halte ou $\left\{\begin{array}{l} \text{3. } \textit{En} = \text{avant.} \\ \text{4. } \textit{Guide à gauche (ou à droite).} \end{array}\right.$

Selon qu'il veut arrêter la section, ou la porter en avant.

122. Lorsque la marche de flanc a été exécutée de pied ferme, et en marchant au pas, l'instructeur fait répéter le même mouvement, d'abord en marchant **au trot, et ensuite** en partant de pied ferme au trot.

Demi-tour individuel.

123. La section étant en bataille, de pied ferme ou en marche, pour faire face du côté opposé à sa direction, l'instructeur commande :

1. *Pièces et caissons demi-tour à gauche.*
2. MARCHE.

3. HALTE ou
{
3. *En* = AVANT.
4. *Guide à droite.*
}

Au commandement MARCHE, toutes les voitures exécutent un *demi-tour à gauche*, en se réglant à droite, dans chaque rang, pendant toute la durée du mouvement.

L'instructeur commande : HALTE ou 1. *En* = AVANT; 2. *Guide à droite*, selon qu'il veut arrêter la section, ou la porter en avant, après le demi-tour.

124. Le mouvement ayant été exécuté de pied ferme et en marchant au pas, l'instructeur le fait répéter, d'abord en marchant au trot, et ensuite en partant de pied ferme au trot.

125. Lorsque l'instructeur arrête la section, après lui avoir fait exécuter soit une *contre-marche*, soit une *marche de flanc*, soit un *demi-tour individuel*, il peut, s'il le juge nécessaire, aligner la section, et, dans ce cas, il commande l'alignement du côté où le guide aurait été indiqué si la section avait été portée en avant, après l'exécution de ces mouvements.

Doublement de voitures.

126. La section étant en bataille, de pied ferme ou en marche, l'instructeur fait exécuter les doublements de voitures comme il est prescrit n°s 99, 100 et 101.

Extrait.   3*

Serrer et reprendre l'intervalle.

127. La section marchant en bataille, pour diminuer l'intervalle, l'instructeur commande:

1. *A droite = à* (tant) *de mètres = serrez l'intervalle.*
2. MARCHE.

Au commandement MARCHE, les voitures de la file de droite continuent de marcher droit devant elles, les voitures de la file de gauche exécutent un *demi-à-droite* individuel au trot, et marchent dans cette direction pour prendre l'intervalle indiqué. Lorsqu'elles sont arrivées à cet intervalle, elles se redressent; continuent de marcher droit devant elles pour se porter en ligne, et en y arrivant elles passent au pas.

Dès que les voitures de gauche sont en ligne, l'instructeur renouvelle l'indication du guide.

L'instructeur ne doit pas réduire l'intervalle à moins de 2 mètres, afin que le sous-instructeur et les chefs de pièce puissent conserver leurs places.

128. La section marchant en bataille, à intervalle serré, pour faire reprendre l'intervalle régulier, l'instructeur commande:

1. *A gauche = reprenez l'intervalle.*
2. MARCHE.

Ce qui s'exécute suivant les principes prescrits pour serrer l'intervalle et par les moyens inverses, les voitures de la file de gauche se redressant lorsqu'elles ont gagné l'intervalle régulier.

Dès que les voitures de gauche sont en ligne, l'instructeur renouvelle l'indication du guide.

129. On fait serrer l'intervalle à gauche, et reprendre l'intervalle à droite, suivant les principes prescrits nos 127 et 128, et par les moyens inverses, aux commandements :

1. *A gauche = à* (tant) *de mètres = serrez l'intervalle.*
2. MARCHE.

    et

1. *A droite = reprenez l'intervalle.*
2. MARCHE.

Rompre la section par pièces à la même allure

130. La section étant en marche, pour la rompre par pièces, à la même allure, l'instructeur commande :

    1. *Par la droite = rompez la section.*

    2. MARCHE.

Au commandement MARCHE, les deux voitures de la file de droite continuent de marcher à la même allure ; les deux voitures de la file de gauche s'arrêtent, et le reste du mouvement s'exécute comme il est prescrit pour rompre la section de pied ferme.

131. La section marchant au trot, le mouvement s'exécute suivant les mêmes principes ; les deux voitures de la file de droite continuent de marcher au trot ; les deux voitures de la file de gauche prennent le pas, au commandement MARCHE, et ne reprennent le trot que pour exécuter leur *demi-à-droite*, comme il est prescrit n° 89.

132. Pour rompre la section par la gauche, le mouvement s'exécute suivant les mêmes principes et par les moyens inverses, aux commandements : 1. *Par la gauche = rompez la section ;* 2. MARCHE.

Former la section à la même allure.

133. La section marchant en colonne par pièces, pour la former à la même allure, en gagnant du terrain à gauche, l'instructeur commande :

1. *Formez la section, oblique à gauche.*
2. MARCHE.

Au commandement MARCHE, les deux premières voitures continuent de marcher, et s'arrètent après avoir marché 10 mètres; les deux suivantes exécutent un *demi-à-gauche* individuel ; gagnent leur intervalle; se redressent, et s'arrêtent à hauteur des premières voitures.

134. Lorsque la colonne est au trot, pour former la section à la même allure, le mouvement s'exécute suivant les mêmes principes : les deux premières voitures passent *au pas* au commandement MARCHE, les deux suivantes exécutent un *demi-à-gauche* en continuant de marcher *au trot,* et passent au pas en arrivant à hauteur des premières voitures.

135. La section marchant en colonne par pièces, pour la former à la même allure, en gagnant du terrain à droite, le mouvement s'exécute suivant les mêmes principes et par les moyens inverses, aux commandements : 1. *Formez la section, oblique à droite ;* 2. MARCHE.

136. Lorsqu'on forme la section en marchant au trot, le guide, dès que la section est formée, est commandé à droite, si l'on a obliqué à gauche; et à gauche, si l'on a obliqué à droite.

Dans la formation *au pas,* la tête de colonne devant arrêter, le guide n'est pas commandé.

Rompre la section par pièces en doublant l'allure.

137. La section étant en marche au pas, pour la rompre par pièces en doublant l'allure, l'instructeur commande :

1. *Par la droite = rompez la section = au trot.*
2. MARCHE.

Au commandement MARCHE, les deux voitures de la file de droite prennent le trot; les deux voitures de la file de gauche continuent de marcher au pas, et ne prennent le trot que pour exécuter leur *demi-à-droite*, comme il est prescrit n° 89.

138. On rompt la section par la gauche suivant les mêmes principes et par les moyens inverses, aux commandements : 1. *Par la gauche = rompez la section = au trot;* 2. MARCHE. •

Former la section en doublant l'allure.

139. La section marchant en colonne par pièces, pour la former en doublant l'allure, et en gagnant du terrain à gauche, l'instructeur commande :

1. *Formez la section, oblique à gauche = au trot.*
2. MARCHE.
3. *Guide à droite.*

Au commandement MARCHE, les deux premières voitures continuent de marcher au pas; les deux suivantes exécutent un *demi-à-gauche* individuel au trot; gagnent leur intervalle, et passent au pas en arrivant à hauteur les premières voitures.

L'instructeur commande *Guide à droite,* aussitôt que la section est formée.

140. La section marchant en colonne par pièces, pour la former en doublant l'allure, et en gagnant du terrain à droite, le mouvement s'exécute suivant les mêmes principes et par les moyens inverses, aux commandements : 1. *Formez la section oblique à droite = au trot;* 2. MARCHE; 3. *Guide à gauche.*

141. Le travail étant terminé, l'instructeur rompt la section par pièces, et dirige la colonne vers le parc.

Former le parc. — Dételer. — Sortir du parc.

142. La section marchant en colonne par pièces, et la tête de la colonne étant parvenue au point où doit commencer le mouvement de formation du parc, l'instructeur, suivant la position de la colonne par rapport au terrain, commande :

1. *En avant* (ou *à gauche*, ou *sur la droite*) = à (tant) *de mètres* = *formez le parc.*
2. MARCHE.
3. HALTE.
4. *A droite* = ALIGNEMENT.
5. FIXE.

Au premier commandement, les servants quittent leurs pièces, et vont se former en bataille sur l'emplacement où ils se trouvaient avant de déparquer, et dans le même ordre. Le sous-instructeur fait reporter les armements par les pointeurs.

DANS LES SECTIONS MONTÉES, le sous-instructeur fait reprendre le mousqueton.

Au commandement MARCHE, le mouvement s'exécute comme il est prescrit n° 69.

Au commandement *A droite* = ALIGNEMENT les conducteurs s'alignent à droite.

143. Le parc étant formé, l'instructeur fait *mettre pied à terre, dételer* et *monter à cheval*, comme il est prescrit n° 71.

Les chefs de pièce et de caisson se conforment à ce qui est prescrit n° 80.

L'instructeur fait *sortir du parc*, comme il est prescrit n° 73, et reconduit la section au quartier, en la faisant marcher dans le même ordre que pour se rendre au parc.

ARTICLE II.

La section étant en bataille, la former en avant
  en batterie.

Commencer le feu. — Cesser le feu.

La section étant en batterie, la former en avant
  en bataille.

La section étant en bataille, la former face en
  arrière en batterie.

La section étant en batterie, la former face en
  arrière en bataille.

La section marchant en colonne par pièces, la
  former en avant, à gauche ou sur la droite
  en batterie.

Feu en avançant.

Feu en retraite.

---

144. Les dispositions sont les mêmes que pour le premier
article.

La section étant en bataille, la former en avant en batterie.

145. La section étant en bataille, les pièces en tête [1],
pour la former en avant en batterie, l'instructeur commande :

---

1. Les différentes formations en batterie pouvant s'exécuter avec
plus ou moins de facilité et de promptitude, selon la position relative
des pièces et des caissons au moment de se mettre en batterie, l'instructeur doit, s'il y a lieu, faire prendre à l'avance aux caissons, par
un doublement de voitures, la disposition la plus avantageuse pour
se mettre le plus promptement possible en batterie.

1. *Feu en avant.*
2. *Guide à droite* (ou *à gauche*).
3. EN BATTERIE.
4. HALTE.

Au commandement EN BATTERIE, les pièces se porten.
droit devant elles au trot, en se réglant du côté du
guide, le sous-instructeur marchant à sa place de
bataille.

Les caissons ne bougent pas.

Au commandement HALTE, les pièces s'arrêtent; les
pointeurs ôtent l'avant-train le plus promptement possible; font faire demi-tour aux bouches à feu à l'aide
des premiers servants, et les alignent rapidement du
côté du guide; tous se disposent à faire feu.

Dès que les deux trains sont séparés, les avant-train.
font deux *à-gauche* successifs au trot, passent à 7
mètres à gauche de leur pièce; marchent dans cette
direction jusqu'à ce qu'ils soient arrivés à 7 mètres
des chevaux de devant des caissons; ils exécutent alors
deux *à-gauche* successifs pour se placer dans le prolongement de leur pièce, et s'arrêtent à 6 mètres de
l'extrémité du levier de pointage.

Les chefs de pièce s'arrêtent en même temps que
les bouches à feu; se portent rapidement à leur place
de batterie; s'alignent entre eux du côté du guide, et
alignent leur pièce du même côté.

Le sous-instructeur s'arrête au commandement HALTE,
se porte rapidement à hauteur des bouches à feu,
s'assure qu'elles sont alignées, et prend sa place de
batterie.

DANS LES SECTIONS MONTÉES, l'instructeur commande HALTE, lorsque les pièces ont marché 25 mètres.

Au commandement EN BATTERIE, les servants suivent leurs pièces au pas de course. Les premiers servants et les pointeurs ôtent l'avant-train, et prennent leurs postes autour de la pièce; les seconds servants prennent leurs postes à l'avant-train, dès qu'il est arrivé à sa place de batterie.

Lorsque les servants sont montés sur les coffres :

Au commandement EN BATTERIE, les servants montés sur les caissons sautent à terre, et se portent à leurs postes au pas de course.

Au commandement HALTE, les pointeurs sautent à terre, les deux trains sont séparés, et les servants prennent leurs postes autour de la pièce et à l'avant-train.

DANS LES SECTIONS A CHEVAL, l'instructeur commande HALTE, lorsque les pièces ont marché 19 mètres.

Au commandement EN BATTERIE, les premiers servants et les pointeurs mettent rapidement pied à terre; les premiers servants donnent les rênes de leurs chevaux aux garde-chevaux, et les pointeurs aux deuxièmes servants. Aussitôt que les premiers servants et les pointeurs ont mis pied à terre, ils se portent à leurs pièces au pas de course, ôtent l'avant-train et prennent leurs postes autour de la pièce.

146. La section marchant en bataille au pas ou au trot, les pièces en tête, la formation en avant en batterie s'exécule aux mêmes commandements et suivant les mêmes principes que lorsque la section est de pied ferme; avec cette différence qu'au commandement EN BATTERIE, les caissons s'arrêtent et s'alignent du côté du guide; les pièces prennent le trot, ou continuent de marcher au trot selon que la section marchait au pas ou au trot.

L'instructeur a l'attention de ne point changer le guide, et de le commander, pour la formation en batterie, du côté où il se trouvait pendant la marche en bataille.

DANS LES SECTIONS A CHEVAL, les pelotons de servants s'arrêtent en même temps que les caissons, au commandement EN BATTERIE, et les pelotons de chevaux s'alignent du côté du guide.

Commencer le feu. — Cesser le feu.

147. Pour faire commencer le feu, l'instructeur commande :

COMMENCEZ LE FEU.

Au commandement COMMENCEZ LE FEU, les chefs de pièce commandent: EN ACTION. A ce commandement les canonniers-servants exécutent la *Charge à volonté.* (Voir le Règlement sur le service des bouches à feu de campagne.)

DANS LES SECTIONS A CHEVAL, les deuxièmes servants mettent rapidement pied à terre; donnent aux garde-chevaux les rênes de leurs chevaux et celles des chevaux des pointeurs, et se portent au coffre de l'avant-train pour approvisionner leur pièce.

148. Pour faire cesser le feu, l'instructeur commande:

CESSEZ LE FEU.

(Voir le Règlement sur le service des bouches à feu de campagne.)

DANS LES SECTIONS A CHEVAL, au commandement CESSEZ LE FEU, les deuxièmes servants ferment le coffre de l'avant-train; montent rapidement à cheval, et saisissent les rênes des chevaux des pointeurs.

149. Lorsque l'on fait feu réellement, le sous-instructeur qui tient la place du chef de section, met pied à terre, ainsi que les chefs de pièce; le sous-instructeur fait tenir son cheval par le conducteur de devant de l'avant-train de la pièce de droite, et les chefs de pièce font tenir les leurs par le conducteur de derrière de l'avant-train de leur pièce.

La section étant en batterie, la former en avant en bataille.

150. La section étant en batterie, pour la former en avant en bataille, les pièces en tête, l'instructeur commande:

1. *Amenez les avant-trains en avant = Caissons en avant.*
2. MARCHE.

Au premier commandement les premiers servants et les pointeurs se placent comme il est prescrit pour amener l'avant-train en avant. (Voir le Règlement sur le service des bouches à feu de campagne.)

Au commandement MARCHE, les premiers servants et les pointeurs font faire demi-tour aux pièces; l'écouvillon et le levier de pointage sont remis en place, et la hausse latérale est retirée.

Les avant-trains partent ensemble au trot, en se réglant à droite, et doublent leurs pièces, en les laissant à gauche. Lorsque le conducteur de derrière arrive à hauteur de la crosse, il appuie fortement à gauche, de manière à raser la crosse, sans la toucher ; s'arrête, et redresse le timon, sans avancer ni reculer, de manière que la cheville-ouvrière soit près de la lunette.

Les servants remettent l'avant-train.

DANS LES SECTIONS MONTÉES, au commandement MARCHE, les caissons prennent le trot, et serrent à 1 mètre de distance de leurs pièces, en se réglant à droite. Dès que les avant-trains sont remis, les servants reprennent leurs postes autour de la pièce.

DANS LES SECTIONS A CHEVAL, au commandement MARCHE, les pelotons de chevaux, conduits par les garde-chevaux et les deuxièmes servants, partent franchement au trot, et s'arrêtent à 1 mètre derrière les pièces. Les caissons suivent le mouvement des pelotons de chevaux, et s'arrêtent à leur distance.

Les premiers servants et les pointeurs montent rapidement à cheval, dès que les avant-trains sont remis.

151. La section étant en batterie, pour la former en avant en bataille, les caissons en tête, l'instructeur commande :

1. *Amenez les avant-trains en avant = Caissons doublez vos pièces.*
2. MARCHE.

DANS LES SECTIONS MONTÉES, le mouvement s'exécute suivant les principes prescrits n° 150, avec cette différence que les caissons, au lieu de s'arrêter derrière leur pièce, la doublent au trot, et s'arrêtent dès que le doublement est terminé.

DANS LES SECTIONS A CHEVAL, le mouvement s'exécute suivant les principes prescrits n° 150, avec cette différence que les caissons, au lieu de suivre le mouvement des pelotons de chevaux, commencent immédiatement leur doublement, au commandement MARCHE, et s'arrêtent dès que le doublement est terminé.

La section étant en bataille, la former face en arrière en batterie.

152. La section étant en bataille, les caissons en tête, pour la former face en arrière en batterie, l'instructeur commande :

  1. *Feu en arrière.*
  2. *Guide à droite* (ou *à gauche*).
  3. EN BATTERIE.

Au commandement EN BATTERIE, les pointeurs ôtent l'avant-train; les servants prennent leurs postes; tous se disposent à faire feu.

Les avant-trains exécutent un *demi-tour à gauche* au trot, aussitôt que les caissons ont démasqué le terrain; s'arrêtent à 6 mètres de l'extrémité du levier de pointage, et s'alignent à droite.

Les caissons partent franchement au trot; marchen 16 mètres droit devant eux, en se réglant du côté du

Extrait.   4

guide; exécutent un *démi-tour à gauche*, sans changer d'allure, en se réglant à droite; s'arrêtent, la tête des chevaux de devant à 10 mètres du derrière des avant-trains, et s'alignent à droite.

Le sous-instructeur prend immédiatement sa place de batterie.

Les chefs de pièce se portent à leur bouche à feu au commandement En batterie, et prennent leur place de batterie, en s'alignant du côté du guide.

Dans les sections montées, lorsque les servants sont montés sur les coffres, ils sautent vivement à terre au commandement En batterie.

Les caissons ne partent au trot que lorsque les servants sont descendus.

Dans les sections à cheval, les pelotons de servants débottent vivement à droite au commandement En batterie, et s'arrêtent à hauteur des roues des avant-trains des pièces.

Les premiers servants et les pointeurs mettent rapidement pied à terre; ôtent l'avant-train; prennent leurs postes, et se disposent à faire feu.

Les garde-chevaux et les deuxièmes servants saisissent de la main droite les rênes du cheval qui est à leur droite; et dès que les premiers servants et les pointeurs ont mis pied à terre, les pelotons de chevaux partent franchement au trot; dépassent les avant-trains, et prennent leur place de batterie par un *demi-tour à gauche*.

153. La section marchant en bataille au pas ou au trot, les caissons en tête, la formation face en arrière en batterie

s'exécute aux mêmes commandements et suivant les mêmes principes que lorsque la section est de pied ferme, avec cette différence, que l'instructeur, au lieu de commander: EN BATTERIE, commande : *En batterie* = HALTE; à ce commandement, les pièces s'arrêtent, et s'alignent du côté du guide; les caissons prennent le trot ou continuent de marcher au trot, selon que la section marchait au pas ou au trot.

L'instructeur a l'attention de ne point changer le guide, et de le commander, pour la formation face en arrière en batterie, du côté où il se trouvait pendant la marche en bataille.

DANS LES SECTIONS MONTÉES, lorsque les servants sont montés sur les coffres, les caissons s'arrêtent en même temps que les pièces, et ne partent au trot que lorsque les servants sont descendus.

La section étant en batterie, la former face en arrière en bataille.

154. La section étant en batterie, pour la former face en arrière en bataille, les pièces en tête, l'instructeur commande :

1. *Amenez les avant-trains* = *Caissons derrière vos pièces.*

2. MARCHE.

Au commandement MARCHE, les avant-trains partent ensemble au trot, en se réglant à droite; se portent immédiatement par un *demi-à-droite*, à 7 mètres à droite, et exécutent un *demi-tour à gauche*, en venant raser la crosse; dès que la roue droite arrive à hauteur de la flèche, les avant-trains s'arrêtent, et les timons sont redressés à gauche, sans avancer ni reculer.

Les servants remettent l'avant-train.

Les caissons doublent leurs pièces, en les laissant à gauche, et s'en écartant jusqu'à la moitié de l'intervalle; lorsque les chevaux de devant ont depassé les bouches à feu de 25 mètres, les caissons reviennent, par deux *à-gauche* successifs, se placer derrière leurs pièces, à leur distance.

DANS LES SECTIONS MONTÉES, les servants reprennent leurs postes aussitôt que les avant-trains sont remis

DANS LES SECTIONS A CHEVAL, les pelotons de chevaux, conduits par les garde-chevaux et les deuxième servants, partent franchement au trot, aussitôt que les caissons les ont dépassés, et vont prendre leur place de bataille par un *demi-tour à gauche*.

Les premiers servants et les pointeurs montent rapidement à cheval, aussitôt que les avant-trains sont remis et que les pelotons de chevaux ont repris leur place de bataille.

155. La section étant en batterie, pour la former face en arrière en batterie, les caissons en tête, l'instructeur commande :

1. *Amenez les avant-trains = Caissons devant vos pièces.*

2. MARCHE.

Au commandement MARCHE, les avant-trains sont amenés comme il est prescrit n° 154.

Les caissons se portent en avant au trot, en obliquant à droite, jusqu'à la moitié de l'intervalle; exécutent deux *à-gauche* successifs, en passant près de la tête des chevaux de devant des avant-trains, et s'arrêtent à leur distance.

DANS LES SECTIONS MONTÉES, les servants reprennent leurs postes aussitôt que les avant-trains sont remis.

DANS LES SECTIONS A CHEVAL, au commandement MARCHE, les pelotons de chevaux conduits par les garde-chevaux et les deuxièmes servants partent franchement au trot, et vont prendre leur place de bataille par un *demi-tour à gauche.*

Les premiers servants et les pointeurs montent rapidement à cheval, aussitôt que les avant-trains sont remis et que les pelotons de chevaux ont pris leur place de bataille.

Les caissons ne se mettent en mouvement que lorsque les pelotons de chevaux ont démasqué le terrain.

La section marchant en colonne par pièces, la former en avant, à gauche ou sur la droite en batterie.

156. La section marchant en colonne, les pièces en tête, chacune de ces formations en batterie s'exécute suivant les principes prescrits pour la formation en bataille correspondante, aux commandements :

	(ou)	(ou)
1. *En avant en batterie, oblique à gauche (ou à droite).*	1. *A gauche (ou à droite) en batterie.*	1. *Sur la droite (ou sur la gauche) en batterie.*
2. MARCHE.	2. MARCHE.	2. MARCHE.
3. EN BATTERIE.	3. EN BATTERIE.	3. EN BATTERIE.
4. HALTE.	4. HALTE.	4. HALTE.

Au commandement En batterie, le premier caisson
s'arrête seul; la première pièce prend le trot, s'arrête
au commandement Halte, et est immédiatement mise
en batterie.

Le deuxième caisson et la deuxième pièce viennent
successivement se former à hauteur du premier caisson
et de la première pièce, et à leur intervalle.

Aussitôt que la volée de la deuxième pièce a dépassé
les chevaux de devant du premier caisson, cette pièce
prend le trot, s'arrête sans commandement à hauteur
de la première pièce, et est immédiatement mise en
batterie.

L'instructeur fait le commandement En batterie, à l'instant où il ferait le commandement Halte dans la formation
en bataille correspondante; et il commande Halte en se
conformant à ce qui est prescrit n° 145.

Feu en avançant.

157. La section étant en batterie et faisant feu, pour lui
faire exécuter le feu en avançant, l'instructeur fait *cesser
le feu*, et commande :

> 1. *Feu en avançant.*
> 2. *Amenez les avant-trains en avant.*
> 3. Marche.

Dès que les avant-trains sont remis, l'instructeur commande :

> 1. *Section en avant.*
> 2. *Guide à droite* (ou *à gauche*).
> 3. Marche.

Au commandement Marche, la section se porte en

avant; les caissons marchant à 26 mètres en arrière des bouches à feu, afin de conserver leur distance de batterie.

DANS LES SECTIONS A CHEVAL, les pelotons de servants marchent à 20 mètres en arrière des bouches à feu, afin de conserver leur position de l'ordre en batterie.

Lorsque l'instructeur est arrivé au point où il veut faire recommencer le feu, il commande:

1. *En batterie* = HALTE.
2. COMMENCEZ LE FEU.

Au commandement *En batterie* = HALTE, les pièces et les caissons s'arrêtent, et les pièces sont rapidement mises en batterie.

Au commandement COMMENCEZ LE FEU, fait immédiatement après celui *En batterie* = HALTE, les pièces commencent le feu.

Feu en retraite.

158. La section étant en batterie et faisant feu, pour lui faire exécuter le feu en retraite, l'instructeur fait *cesser le feu*, et commande:

1. *Feu en retraite.*
2. *Amenez les avant-trains* = *Caissons demi-tour à gauche.*
3. MARCHE.

Dès que les avant-trains sont remis, et que les caissons ont exécuté leur demi-tour, l'instructeur commande:

1. *Section en avant.*
2. *Guide à droite* (ou *à gauche*).
3. MARCHE.

Au commandement Marche, la section se met en mouvement, les pièces conservant par rapport aux caissons leur distance de batterie.

Dans les sections a cheval, au commandement *Amenez les avant-trains = Caissons demi-tour à gauche*, les pelotons de chevaux, conduits par les garde-chevaux et les deuxièmes servants, partent franchement au trot, et vont se placer derrière leurs pièces, en obliquant d'abord à droite, et en exécutant ensuite un *demi-tour à gauche*.

Les premiers servants et les pointeurs montent à cheval dès que les avant-trains sont remis et que les pelotons de chevaux ont pris leur place derrière les pièces.

Lorsque l'instructeur est arrivé au point où il veut faire recommencer le feu, il commande :

        1. *En batterie* = Halte.
        2. Commencez le feu.

Au commandement *En batterie* = Halte, les pièces s'arrêtent, et sont rapidement mises en batterie. Les caissons restent face en arrière.

Au commandement Commencez le feu, fait immédiatement après celui de Halte, les pièces commencent le feu.

Dans les sections a cheval, au commandement *En batterie* = Halte, les pelotons de chevaux déboîtent vivement à droite, et s'arrêtent à hauteur des roues des avant-trains; les premiers servants et les pointeurs mettent rapidement pied à terre; les pelotons de chevaux conduits par les garde-chevaux et les deuxièmes servants, partent franchement au trot, et vont se placer à 1 mètre de distance du derrière des caissons, le dos tourné à leurs pièces.

159. Lorsque l'instructeur veut faire cesser le feu en retraite, en conservant l'ordre en batterie, il fait exécuter aux caissons un demi-tour à gauche, aux commandements : 1. *Caissons demi-tour à gauche;* 2. MARCHE.

DANS LES SECTIONS A CHEVAL, les caissons et les pelotons de chevaux font ensemble *demi-tour*, aux commandements : 1. *Caissons et pelotons demi-tour à gauche;* 2. MARCHE.

160. La section étant en batterie, et faisant feu, pour lui faire exécuter le feu en retraite à la prolonge, l'instructeur commande d'abord :

DÉPLOYEZ LES PROLONGES.

Au commandement DÉPLOYEZ LES PROLONGES, les avant-trains font demi-tour, et s'arrêtent de manière que le crochet cheville-ouvrière soit à 6 mètres environ de la crosse; le deuxième servant de gauche déploie la prolonge; le pointeur-servant engage le T dans la lunette; les conducteurs des avant-trains ont soin de ne point faire tendre la prolonge.

Les caissons font demi-tour, et restent face en arrière sur le terrain qu'ils occupaient.

DANS LES SECTIONS A CHEVAL, les garde-chevaux font faire demi-tour à gauche à leur peloton de chevaux.

Pour porter la section en arrière, l'instructeur commande:

1. Cessez le feu.
2. *Section en avant.*
3. *Guide à droite.*
4. Marche.

Dans les sections montées, les servants marchent à leurs postes autour des bouches à feu; le premier servant de droite conserve l'écouvillon, et le levier reste dans les anneaux de pointage.

Quand on se retire en présence de l'ennemi, le premier servant de gauche conserve toujours dans son sac un sachet et une boîte à mitraille; se tenant prêt en outre, si les circonstances l'exigent, à faire usage des munitions placées, pour les cas urgents, dans les coffrets d'affût.

Dans les sections a cheval, les deuxièmes servants seuls remontent à cheval; les premiers servants et les pointeurs ne remontent à cheval que si le mouvement de retraite doit, par exception, être exécuté au trot. Dans le cas contraire, ils marchent à leurs postes autour de la bouche à feu, le premier servant de droite et le premier servant de gauche se conformant à ce qui est prescrit pour les premiers servants dans les sections montées.

Les garde-chevaux et les deuxièmes servants conduisent les pelotons de chevaux.

Lorsque la section est arrivée à la nouvelle position qu'elle doit occuper, l'instructeur commande:

1. *En batterie* = Halte.
2. Commencez le feu.

Au commandement *En batterie* = HALTE, les pièces et les caissons s'arrêtent, les attelages restant face en arrière.

Les pièces commencent le feu, au commandement COMMENCEZ LE FEU.

DANS LES SECTIONS A CHEVAL, au commandement *En batterie* = HALTE, les pelotons de chevaux s'arrêtent, et restent face en arrière.

Pour faire ployer les prolonges, en conservant l'ordre en batterie, l'instructeur commande:

PLOYEZ LES PROLONGES.

Au commandement PLOYEZ LES PROLONGES, les servants reploient les prolonges. Les avant-trains et les caissons font demi-tour, et reprennent leurs places de batterie.

DANS LES SECTIONS A CHEVAL, les garde-chevaux font faire demi-tour à gauche aux pelotons de chevaux, et reprennent leur place de batterie.

161. Le travail étant terminé, l'instructeur conduit la section au parc, fait *dételer* et *sortir du parc*.

Les servants et les attelages sont reconduits au quartier comme il est prescrit n° 143.

APPENDICE.

Le texte de l'École de section est applicable à une section de 12 rayé de campagne, MONTÉE OU A CHEVAL, sauf les modifications ci-après :

162. DANS LES SECTIONS MONTÉES, l'intervalle entre les pièces en bataille est de 12 mètres.

Les pelotons de servants se composent chacun de 8 hommes.

Dans chaque peloton, les servants sont placés sur deux rangs, dans l'ordre suivant :

PREMIER RANG.	DEUXIÈME RANG.
Premier servant de gauche.	Premier servant de droite.
Deuxième servant de gauche.	Deuxième servant de droite.
Pointeur.	Pointeur-servant.
Troisième servant de gauche.	Troisième servant de droite (artificier, garde-coffre).

Lorsque les servants à pied doivent monter sur les coffres, ils s'y placent dans l'ordre suivant :

	Sur l'avant-train de la pièce.	Sur l'avant-train du caisson.	Sur l'arrière-train du caisson.
A droite . .	Pointeur.	1er servant de droite.	2e servant de droite.
Au milieu .	3e servant de droite (artif. garde-coff.)	3e servant de gauche.	
A gauche .	Pointeur-servant.	1er servant de gauche.	2e servant de gauche.

DANS LES SECTIONS A CHEVAL, l'intervalle entre les pièces en bataille est de 15 mètres.

Chaque peloton de servants se compose de 10 hommes, dont 2 garde-chevaux, placés dans l'ordre suivant :

PREMIER RANG.	DEUXIÈME RANG.
Premier servant de gauche.	Premier servant de droite.
Deuxième servant de gauche.	Deuxième servant de droite.
Garde-chevaux.	Garde-chevaux.
Pointeur.	Pointeur-servant.
Troisième servant de gauche.	Troisième servant de droite (artificier, garde-coffre).

163. Dans la marche de flanc d'une section en colonne par pièces, les voitures, après avoir exécuté leur à-gauche ou leur à-droite individuel, sont à 12 mètres d'intervalle, dans les SECTIONS MONTÉES; et dans les SECTIONS A CHEVAL, elles sont à 18 mètres ou à 12 mètres d'intervalle, selon la position relative des pièces et des caissons.

Dans la marche de flanc, d'une section en bataille, les intervalles sont les mêmes que dans le cas précédent; et les distances sont de 1 mètre, dans les SECTIONS MONTÉES, et de 4 mètres, dans les SECTIONS A CHEVAL.

164. La section étant en bataille, pour la former en avant en batterie, en exécutant à bras le demi-tour des pièces :

DANS LES SECTIONS MONTÉES, l'instructeur commande HALTE, lorsque les pièces ont marché 30 mètres.

DANS LES SECTIONS A CHEVAL, l'instructeur commande HALTE, lorsque les pièces ont marché 24 mètres.

165. La section étant en bataille, si l'on veut la former en avant en batterie, et que la nature du terrain ne permette pas d'exécuter à bras le demi-tour des pièces, l'instructeur commande :

1. *Feu en avant.*
2. *Guide à droite* (ou *à gauche*).
3. EN BATTERIE.
4. *Pièces demi-tour à gauche.*
5. MARCHE.

Aux trois premiers commandements, on se conforme à ce qui est prescrit n° 145.

Au cinquième commandement, les pièces exécutent leur demi-tour en conservant l'allure du trot, et s'arrêtent dès qu'il est terminé.

Les servants ôtent les avant-trains; les avant-trains prennent leurs places de batterie par un demi-tour à gauche.

DANS LES SECTIONS MONTÉES, l'instructeur fait le commandement *Pièces demi-tour à gauche,* assez à temps pour commander MARCHE, lorsque les pièces ont marché **17** mètres.

Les servants suivent leur pièce au pas de **course** jusqu'au moment où elles commencent leur demi-tour; ils se portent alors à hauteur des postes qu'ils devront occuper après le demi-tour, et séparent les deux trains dès que le demi-tour est terminé.

Si les servants sont montés sur les coffres, ceux de la pièce ne sautent à terre que lorsque le demi-tour de la pièce est terminé.

DANS LES SECTIONS A CHEVAL, le commandement *Pièces demi-tour à gauche* doit être fait assez à temps pour commander MARCHE, lorsque les pièces ont marché **11** mètres.

Les premiers et les deuxièmes servants ainsi que les pointeurs mettent pied à terre; les troisièmes servants restent à cheval, et tiennent les rênes des chevaux des pointeurs.

166. DANS LES SECTIONS A CHEVAL, la section étant en batterie, les troisièmes servants, aux commandements: COM-

MENCEZ LE FEU et CESSEZ LE FEU, se conforment à ce qui est prescrit pour les deuxièmes servants, lorsqu'on manœuvre avec des bouches à feu de 4 rayé.

167. La section étant en batterie, si l'on veut la former en avant en bataille, les pièces en tête, et que la nature du terrain ne permette pas de faire exécuter à bras le demi-tour des pièces, l'instructeur commande :

1. *Amenez les avant-trains.*
2. MARCHE.
3. *Pièces demi-tour à gauche = Caissons en avant.*
4. MARCHE.

Au deuxième commandement, les avant-trains sont amenés et remis comme il est prescrit n° 154.

Au quatrième commandement, les pièces font demi-tour au trot, et s'arrêtent dès que le demi-tour est terminé; les caissons serrent au trot à leur distance.

DANS LES SECTIONS MONTÉES, lorsqu'il est prescrit aux servants de monter sur les coffres sans commandement, les pointeurs et le troisième servant de droite montent sur le coffre d'avant-train de la pièce, aussitôt que l'avant-train est remis; les autres servants attendent, pour monter sur les coffres du caisson, que le caisson ait serré à sa distance.

DANS LES SECTIONS A CHEVAL, les garde-chevaux, aidés des troisièmes servants, conduisent au trot les pelotons de chevaux à leur place de bataille, dès que le terrain est démasqué. Les caissons suivent les pelotons de chevaux.

Les premiers et les deuxièmes servants, ainsi que les pointeurs, après avoir remis l'avant-train, montent

rapidement à cheval, dès que les pelotons de chevaux
sont à leur place de bataille.

168.   La section étant en batterie, si l'on veut la former
en avant en bataille, les caissons en tête, et que la nature
du terrain ne permette pas de faire exécuter à bras le
demi-tour des pièces, l'instructeur commande :

1. *Amenez les avant-trains.*
2. Marche.
3. *Pièces demi-tour à gauche = Caissons doublez*
   vos pièces.
4. Marche.

Au deuxième commandement, les avant-trains sont
amenés et remis comme il est prescrit n° 154.

Au quatrième commandement, les caissons doublent
leurs pièces au trot, et s'arrêtent dès que le doublement est terminé; les pièces font demi-tour au trot,
et s'arrêtent à 1 mètre de distance des caissons.

Dans les sections a cheval, les pelotons de chevaux
attendent, pour se placer derrière leurs pièces, qu'elles
aient achevé leur demi-tour.

Les premiers et les deuxièmes servants, ainsi que
les pointeurs, montent rapidement à cheval dès que
les pelotons de chevaux sont à leur place de bataille.

TABLE DES MATIÈRES.

126 TABLE DES MATIÈRES.

DEUXIÈME PARTIE.

ÉCOLE DE SECTION.

ARTICLE Ier.

128 TABLE DES MATIÈRES.

ARTICLE II.